CASTRO ALVES

Os escravos

www.lpm.com.br
L&PM POCKET

Coleção **L&PM** POCKET, vol. 46

Texto de acordo com a nova ortografia.

Primeira edição na Coleção **L&PM** POCKET: 1997
Esta reimpressão: dezembro de 2017

Capa: Ivan Pinheiro Machado sobre tela *Portrait d'une négresse* de Marie-Guillemine Benoist
Revisão: Delza Menin e Flávio Dotti Cesa

ISBN 978-85-254-0682-8

A474e Alves, Antonio de Castro 1847-1871.
Os escravos / Antonio de Castro Alves – Porto Alegre: L&PM Editores, 2017.
144 p. – 18 cm (Coleção L&PM POCKET, v. 46)

1. Ficção brasileira-Poesias. 2. Castro Alves, Antonio de, 1847-1871. I. Título. II. Série.

CDD 869.91
CDU 869.0(81) -1

Catalogação elaborada por Izabel A. Merlo, CRB 10/329.

Rua Comendador Coruja, 314, loja 9 – Floresta – 90.220-180
Porto Alegre – RS – Brasil / Fone: 51.3225.5777 – Fax: 51.3221.5380

Pedidos & Depto. Comercial: vendas@lpm.com.br
Fale conosco: info@lpm.com.br
www.lpm.com.br

Impresso no Brasil
Primavera de 2017

Os escravos

Livros do autor na Coleção **L&PM** POCKET

Espumas flutuantes
Os escravos

Des fleurs, des fleurs! Je veux en couronner ma tête pour le combat. La lyre aussi, donnez-moi la lyre, pour que j'entonne un chant de guerre... Des paroles comme des étoiles flamboyantes, qui en tombant, incendient les palais et éclairent les cabanes... Des paroles comme des dards brillants qui pénètrent jusqu'au septième ciel, et frappent l'imposture qui s'est glissée dans le sanctuaire des sanctuaires... Je suis tout joie, tout enthousiasme, je suis l'épée, je suis la flamme!...

HENRI HEINE

SUMÁRIO

O SÉCULO

Soldados, do alto daquelas pirâmides
quarenta séculos vos contemplam!

NAPOLEÃO

O século é grande e forte.

V. HUGO

Da mortalha de seus bravos
Fez bandeira a tirania
Oh! Armas talvez o povo
De seus ossos faça um dia.

J. BONIFÁCIO

O SÉCULO é grande... No espaço
Há um drama de treva e luz.
Como o Cristo – a liberdade
Sangra no poste da cruz.
Um corvo escuro, anegrado,
Obumbra o manto azulado,
Das asas d'águia dos céus...
Arquejam peitos e frontes...
Nos lábios dos horizontes
Há um riso de luz... É Deus.

Às vezes quebra o silêncio
Ronco estrídulo, feroz.

Será o rugir das matas,
Ou da plebe a imensa voz?...
Treme a terra hirta e sombria...
São as vascas da agonia
Da liberdade no chão?...
Ou do povo o braço ousado
Que, sob montes calcado,
Abala-os como um Titão?!...

Ante esse escuro problema
Há muito irônico rir.
Pra nós o vento da esp'rança
Traz o pólen do porvir.
E enquanto o cepticismo
Mergulha os olhos no abismo,
Que a seus pés raivando tem,
Rasga o moço os nevoeiros,
Pra dos morros altaneiros
Ver o sol que irrompe além.

Toda noite – tem auroras,
Raios – toda a escuridão.
Moços, creiamos, não tarda
A aurora da redenção.
Gemer – é esperar um canto...
Chorar – aguardar que o pranto
Faça-se estrela nos céus.
O mundo é o nauta nas vagas...
Terá do oceano as plagas
Se existem justiça e Deus.

No entanto inda há muita noite
No mapa da criação.
Sangra o abutre – tirano
Muito cadáver – nação.
Desce a Polônia esvaída,
Cataléptica, adormida,
À tumba do Sobieski;
Inda em sonhos busca a espada...
Os reis passam sem ver nada...
E o czar olha e sorri...

Roma inda tem sobre o peito
O pesadelo dos reis!
A Grécia espera chorando
Canaris... Byron talvez!
Napoleão amordaça
A boca da populaça
E olha Jersey com terror;
Como o filho de Sorrento,
Treme ao fitar um momento
O Vesúvio aterrador.

A Hungria é como um cadáver
Ao relento exposto nu;
Nem sequer a abriga a sombra
Do foragido Kossuth.
Aqui – o México ardente,
– Vasto filho independente
Da liberdade e do sol –
Jaz por terra... e lá soluça

Juarez que se debruça
E diz-lhe: "Espera o arrebol!"

O quadro é negro. Que os fracos
Recuem cheios de horror.
A nós, herdeiros dos Gracos,
Traz a desgraça – valor!
Lutai... Há uma lei sublime
Que diz: "À sombra do crime
Há de a vingança marchar".
Não ouvis do norte um grito,
Que bate aos pés do infinito,
Que vai Franklin despertar?

É o grito dos cruzados
Que brada aos moços – "De pé!"
É o sol das liberdades
Que espera por Josué!...
São bocas de mil escravos
Que transformaram-se em bravos
Ao cinzel da abolição.
E – à voz dos libertadores –
Reptis saltam condores,
A topetar n'amplidão!...

E vós, arcas do futuro,
Crisálidas do porvir,
Quando vosso braço ousado
Legislações construir,
Levantai um templo novo,

Porém não que esmague o povo,
Mas lhe seja o pedestal.
Que ao menino dê-se a escola,
Ao veterano – uma esmola...
A todos – luz e fanal!

Luz!... sim; que a criança é uma ave,
Cujo porvir tendes vós;
No sol – é uma águia arrojada,
Na sombra – um mocho feroz.
Libertai tribunas, prelos...
São fracos, mesquinhos elos...
Não calqueis o povo-rei!
Que este mar d'almas e peitos,
Com as vagas de seus direitos,
Virá partir-vos a lei.

Quebre-se o cetro do papa,
Faça-se dele – uma cruz!
A púrpura sirva ao povo
Pra cobrir os ombros nus.
Que aos gritos do Niágara
– Sem escravos – Guanabara
Se eleve ao fulgor dos sóis!
Banhem-se em luz os prostíbulos,
E das lascas dos patíbulos
Erga-se a estátua aos heróis!

Basta!... Eu sei que a mocidade
É o Moisés no Sinai;

Das mãos do Eterno recebe
As tábuas da lei! – Marchai!
Quem cai na luta com glória,
Tomba nos braços da História,
No coração do Brasil!
Moços, do topo dos Andes,
Pirâmides vastas, grandes,
Vos contemplam séculos mil!

Pernambuco, agosto de 1865.

AO ROMPER D'ALVA

> Página feia, que ao futuro narra
> Dos homens de hoje a lassidão, a história
> Com o pranto escrita, com suor selada
> Dos párias misérrimos do mundo!...
> Página feia, que eu não possa altivo
> Romper, pisar-te, recalcar, punir-te...
>
> PEDRO CALASANS

SIGO SÓ caminhando serra acima,
E meu cavalo a galopar se anima
    Aos bafos da manhã.
A alvorada se eleva do levante,
E, ao mirar na lagoa seu semblante,
    Julga ver sua irmã.

As estrelas fugindo aos nenúfares,
Mandam rútilas pérolas dos ares
    De um desfeito colar.
No horizonte desvendam-se as colinas.
Sacode o véu de sonhos de neblinas
    A terra ao despertar.

Tudo é luz, tudo aroma e murmúrio.
A barba branca da cascata o rio
Faz orando tremer.
No descampado o cedro curva a frente,
Folhas e prece aos pés do Onipotente
Manda a lufada erguer.

Terra de Santa Cruz, sublime verso
Da epopeia gigante do universo,
Da imensa criação.
Com tuas matas, cíclopes de verdura,
Onde o jaguar, que passa na espessura,
Roja as folhas no chão.

Como és bela, soberba, livre, ousada!
Em tuas cordilheiras assentada
A liberdade está.
A púrpura da bruma, a ventania
Rasga, espedaça o cetro que s'erguia
Do rijo piquiá.

Livre o tropeiro toca o lote e canta
A lânguida cantiga com que espanta
A saudade, a aflição.
Solto o ponche, o cigarro fumegando
Lembra a serrana bela, que chorando
Deixou lá no sertão.

Livre, como o tufão, corre o vaqueiro
Pelos morros e várzea e tabuleiro
Do intrincado cipó.

Que importa'os dedos da jurema aduncos?
A anta, ao vê-los, oculta-se nos juncos,
Voa a nuvem de pó.

Dentre a flor amarela das encostas
Mostra a testa luzida, as largas costas
No rio o jacaré.
Catadupas sem freios, vastas, grandes,
Sois a palavra livre desses Andes
Que além surgem de pé.

Mas o que vejo? É um sonho!... A barbaria
Erguer-se neste século, à luz do dia.
Sem pejo se ostentar.
E a escravidão – nojento crocodilo
Da onda turva expulso lá do Nilo –
Vir aqui se abrigar!...

Oh! Deus! não ouves dentre a imensa orquestra
Que a natureza virgem manda em festa
Soberba, senhoril,
Um grito que soluça aflito, vivo,
O retinir dos ferros do cativo,
Um som discorde e vil?

Senhor, não deixes que se manche a tela
Onde traçaste a criação mais bela
De tua inspiração.
O sol de tua glória foi toldado...
Teu poema da América manchado,
Manchou-o a escravidão.

Prantos de sangue – vagas escarlates –
Toldam teus rios – lúbricos Eufrates –
    Dos servos de Sião.
E as palmeiras se torcem torturadas,
Quando escutam dos morros nas quebradas
    O grito de aflição.

Oh! ver não posso este labéu maldito!
Quando dos livres ouvirei o grito?
    Sim... talvez amanhã.
Galopa, meu cavalo, serra acima!
Arranca-me a este solo. Eia! te anima
    Aos bafos da manhã!

Recife, 18 de julho de 1865.

A VISÃO DOS MORTOS

On rapporte encore qu'un berger ayant été introduit une fois par un nain dans le Hyffhaese, l'empereur (Barberousse) se leva et lui demanda si les corbeaux volaient encore autour de la montagne. Et, sur la réponse affirmative du berger, il s'écria en soupirant: "Il faut donc que je dors encore pendant cent ans"!

H. Heine (*Allemagne*)

NAS HORAS TRISTES que em neblinas densas
A terra envolta num sudário dorme,
E o vento geme na amplidão celeste
– Cúpula imensa dum sepulcro enorme, –
Um grito passa despertando os ares,
Levanta as lousas invisível mão.
Os mortos saltam, poeirentos, lívidos.
Da lua pálida ao fatal clarão.

Do solo adusto do africano Saara
Surge um fantasma com soberbo passo,
Presos os braços, laureada a fronte,
Louco poeta, como fora o Tasso.
Do sul, do norte... do Oriente irrompem

Dórias, Siqueiras e Machado então.
Vem Pedro Ivo no cavalo negro
Da lua pálida ao fatal clarão.

O Tiradentes sobre o poste erguido
Lá se destaca das cerúleas telas,
Pelos cabelos a cabeça erguendo,
Que rola sangue, que espadana estrelas.
E o grande Andrada, esse arquiteto ousado.
Que amassa um povo na robusta mão:
O vento agita do tribuno a toga
Da lua pálida ao fatal clarão.

A estátua range... estremecendo move-se
O rei de bronze na deserta praça.
O povo grita: Independência ou Morte!
Vendo soberbo o imperador, que passa.
Duas coroas seu cavalo pisa,
Mas duas cartas ele traz na mão.
Por guarda de honra tem dois povos livres,
Da lua pálida ao fatal clarão.

Então, no meio de um silêncio lúgubre,
Solta este grito a legião da morte:
"Aonde a terra que talhamos livre,
Aonde o povo que fizemos forte?
Nossas mortalhas o presente inunda
No sangue escravo, que nodoa o chão.
Anchietas, Gracos, vós dormis na orgia,
Da lua pálida ao fatal clarão.
"Brutus renega a tribunícia toga,

O apóstolo cospe no Evangelho Santo,
E o Cristo – Povo, no Calvário erguido,
Fita o futuro com sombrio espanto.
Nos ninhos d'águias que nos restam? – Corvos,
Que vendo a pátria se estorcer no chão,
Passam, repassam, como alados crimes,
Da lua pálida ao fatal clarão.

"Oh! é preciso inda esperar cem anos...
Cem anos..." brada a legião da morte.
E longe, aos ecos nas quebradas trêmulas,
Sacode o grito soluçando, – o norte.
Sobre os corcéis dos nevoeiros brancos
Pelo infinito a galopar lá vão...
Erguem-se as névoas como pó do espaço
Da lua pálida ao fatal clarão.

Recife, 8 de dezembro de 1865.

A CANÇÃO DO AFRICANO

Lá na úmida senzala,
Sentado na estreita sala,
Junto ao braseiro, no chão,
Entoa o escravo o seu canto,
E ao cantar correm-lhe em pranto
Saudades do seu torrão...

De um lado, uma negra escrava
Os olhos no filho crava,
Que tem no colo a embalar...
E a meia voz lá responde
Ao canto, e o filhinho esconde,
Talvez pra não o escutar!

"Minha terra é lá bem longe,
Das bandas de onde o sol vem;
Esta terra é mais bonita,
Mas à outra eu quero bem!

"O sol faz lá tudo em fogo,
Faz em brasa toda a areia
Ninguém sabe como é belo
Ver de tarde a *papa-ceia*!

"Aquelas terras tão grandes,
Tão compridas como o mar,
Com suas poucas palmeiras
Dão vontade de pensar...

"Lá todos vivem felizes,
Todos dançam no terreiro;
A gente lá não se vende
Como aqui, só por dinheiro."

O escravo calou a fala,
Porque na úmida sala
O fogo estava a apagar;
E a escrava acabou seu canto,
Pra não acordar com o pranto
O seu filhinho a sonhar!

....

O escravo então foi deitar-se,
Pois tinha de levantar-se
Bem antes do sol nascer,
E se tardasse, coitado,
Teria de ser surrado,
Pois bastava escravo ser.

E a cativa desgraçada
Deita seu filho, calada,
E põe-se triste a beijá-lo,
Talvez temendo que o dono
Não viesse, em meio do sono,
De seus braços arrancá-lo!

Recife, 1863.

MATER DOLOROSA

> Deixa-me murmurar à tua alma um adeus eterno, em vez de lágrimas chorar sangue, chorar o sangue de meu coração sobre meu filho; porque tu deves morrer, meu filho, tu deves morrer.
>
> NATHANIEL LEE

MEU FILHO, dorme, dorme o sono eterno
No berço imenso, que se chama – o céu.
Pede às estrelas um olhar materno,
Um seio quente, como o seio meu.

Ai! borboleta, na gentil crisálida,
As asas de ouro vais além abrir.
Ai! rosa branca no matiz tão pálida,
Longe, tão longe vais de mim florir.

Meu filho, dorme... Como ruge o norte
Nas folhas secas do sombrio chão!...
Folha dest'alma como dar-te à sorte?...
É tredo, horrível o feral tufão!

Não me maldigas... Num amor sem termo
Bebi a força de matar-te... a mim...
Viva eu cativa a soluçar num ermo...
Filho, sê livre... Sou feliz assim...

– Ave – te espera da lufada o açoite,
– Estrela – guia-te uma luz falaz.
– Aurora minha – só te aguarda a noite,
– Pobre inocente – já maldito estás.

Perdão, meu filho... se matar-te é crime...
Deus me perdoa... me perdoa já.
A fera enchente quebraria o vime...
Velem-te os anjos e te cuidem lá.

Meu filho dorme... dorme o sono eterno
No berço imenso, que se chama o céu.
Pede às estrelas um olhar materno,
Um seio quente, como o seio meu.

Recife, 7 de junho de 1865.

CONFIDÊNCIA

> Maldição sobre vós, doutores da lei! Maldição sobre vós, hipócritas! Assemelhais-vos aos sepulcros brancos por fora; o exterior parece formoso, mas o interior está cheio de ossos e podridão.
>
> Evang. de S. Mateus, cap. XXII.

Quando, Maria, vês de minha fronte
Negra ideia voando no horizonte,
As asas desdobrar,
Triste segues então meu pensamento,
Como fita o barqueiro de Sorrento
As nuvens ao luar.

E tu me dizes, pálida inocente,
Derramando uma lágrima tremente,
Como orvalho de dor:
"Por que sofres? A selva tem odores,
"O céu tem astros, os vergéis têm flores,
"Nossas almas o amor".

Ai! Tu vês nos teus sonhos de criança
A ave de amor que o ramo da esperança
Traz no bico a voar;
E eu vejo um negro abutre que esvoaça,
Que co'as garras a púrpura espedaça
Do manto popular.

Tu vês na onda a flor azul dos campos,
Donde os astros, errantes pirilampos,
Se elevam para os céus;
E eu vejo a noite borbulhar das vagas
E a consciência é quem me aponta as plagas
Voltada para Deus.

Tua alma é como as veigas sorrentinas
Onde passam gemendo as cavatinas
Cantadas ao luar.
A minha – eco do grito, que soluça,
Grito de toda dor que se debruça
Do lábio a soluçar.

É que eu escuto o sussurrar de ideias,
O marulho talvez das epopeias,
Em torno aos mausoléus,
E me curvo no túmulo das idades
– Crânios de pedra, cheios de verdades
E da sombra de Deus.

E nessas horas julgo que o passado
Dos túmulos a meio levantado
Me diz na solidão:

"Que és tu, poeta? A lâmpada da orgia,
"Ou a estrela de luz, que os povos guia
"À nova redenção?"

Ó Maria, mal sabes o fadário
Que o moço bardo arrasta solitário
Na impotência da dor.
Quando vê que debalde à liberdade
Abriu sua alma – urna da verdade
Da esperança e do amor!...

Quando vê que uma lúgubre coorte
Contra a estátua (sagrada pela morte)
Do grande imperador,
Hipócrita, amotina a populaça,
Que morde o bronze, como um cão de caça
No seu louco furor!...

Sem poder esmagar a iniquidade
Que tem na boca sempre a liberdade,
Nada no coração;
Que ri da dor cruel de mil escravos,
– Hiena, que do túmulo dos bravos
Morde a reputação!...

Sim... quando vejo, ó Deus, que o sacerdote
As espáduas fustiga com o chicote
Ao cativo infeliz;
Que o *pescador das almas* já se esquece
Das santas pescarias e adormece
Junto da meretriz...

Que o apóstolo, o símplice romeiro,
Sem bolsa, sem sandálias, sem dinheiro,
Pobre como Jesus,
Que mendigava outrora à caridade
Pagando o pão com o pão da eternidade,
Pagando o amor com a luz,

Agora adota a escravidão por filha,
Amolando nas páginas da Bíblia
O cutelo do algoz...
Sinto não ter um raio em cada verso
Para escrever na fronte do perverso:
"Maldição sobre vós!"

Maldição sobre vós, tribuno falso!
Rei, que julgais que o negro cadafalso
É dos tronos o irmão!
Bardo, que a lira prostituis na orgia
– Eunuco incensador da tirania –
Sobre ti maldição!

Maldição sobre ti, rico devasso,
Que da música, ao lânguido compasso,
Embriagado não vês
A criança faminta que na rua
Abraça u'a mulher pálida e nua,
Tua amante... talvez!...

Maldição!... Mas que importa?... Ela espedaça
Acaso a flor olente que se enlaça
Nas c'roas festivais?

Nodoa a veste rica ao sibarita?
Que importam cantos, se é mais alta a grita
Das loucas bacanais?

Oh! por isso, Maria, vês, me curvo
Na face do presente escuro e turvo
E interrogo o porvir;
Ou levantando a voz por sobre os montes, –
"Liberdade, pergunto aos horizontes
Quando enfim hás de vir?"

Por isso, quando vês as noites belas
Onde voa a poeira das estrelas
E das constelações,
Eu fito o abismo que a meus pés fermenta
E onde, como santelmos da tormenta,
Fulgem revoluções!...

Recife, outubro de 1865.

O SOL E O POVO

Le peuple a sa colère et le volcan sa lave.

V. Hugo

Ya desatado
El horrendo huracán silba contigo
Qué muralla, qué abrigo
Bastaran contra ti?

Quintana

O sol, do espaço Briaréu gigante,
Pra escalar a montanha do infinito,
Banha em sangue as campinas do levante.

Então em meio dos Saaras – o Egito
Humilde curva a fronte e um grito errante
Vai despertar a Esfinge de granito.

O povo é como o sol! Da treva escura
Rompe um dia co'a destra iluminada,
Como o Lázaro, estala a sepultura!...

Oh! temei-vos da turba esfarrapada,
Que salva o berço à geração futura,
Que vinga a campa à geração passada.

Recife, 23 de junho de 1865.

TRAGÉDIA NO LAR

NA SENZALA, úmida, estreita
Brilha a chama da candeia,
No sapé se esgueira o vento.
E a luz da fogueira ateia.

Junto ao fogo, uma africana,
Sentada, o filho embalando,
Vai lentamente cantando
Uma tirana indolente,
Repassada de aflição.
E o menino ri contente...
Mas treme e grita gelado,
Se nas palhas do *telhado*
Ruge o vento do sertão.

Se o canto para um momento,
Chora a criança imprudente...
Mas continua a cantiga...
E ri sem ver o tormento
Daquele amargo cantar.
Ai! triste, que enxugas rindo
Os prantos que vão caindo

Do fundo, materno olhar,
E nas mãozinhas brilhantes
Agitas como diamantes
Os prantos do seu pensar...

E a voz como um soluço lacerante
Continua a cantar:

"Eu sou como a garça triste
"Que mora à beira do rio,
"As orvalhadas da noite
"Me fazem tremer de frio.

"Me fazem tremer de frio
"Como os juncos da lagoa;
"Feliz da araponga errante
"Que é livre, que livre voa.

"Que é livre, que livre voa
"Para as bandas do seu ninho,
"E nas braúnas à tarde
"Canta longe do caminho.

"Canta longe do caminho,
"Por onde o vaqueiro trilha,
"Se quer descansar as asas
"Tem a palmeira, a baunilha.

"Tem a palmeira, a baunilha,
"Tem o brejo, a lavadeira,

"Tem as campinas, as flores,
"Tem a relva, a trepadeira.

"Tem a relva, a trepadeira,
"Todas têm os seus amores,
"Eu não tenho mãe nem filhos,
"Nem irmão, nem lar, nem flores".

A cantiga cessou... Vinha da estrada
A trote largo, linda cavalhada
De estranho viajor,
Na porta da *fazenda* eles paravam,
Das mulas boleadas apeavam
E batiam na porta do *senhor.*

Figuras pelo sol tisnadas, lúbricas,
Sorrisos sensuais, sinistro olhar,
Os bigodes retorcidos,
O cigarro a fumegar,
O *rebenque* prateado
Do pulso dependurado,
Largas chilenas luzidas,
Que vão tinindo no chão,
E as garruchas embebidas
No bordado cinturão.

A porta da *fazenda* foi aberta;
Entraram no salão.

Por que tremes mulher? A noite é calma,
Um bulício remoto agita a palma
Do vasto coqueiral.
Tem pérolas o rio, a noite lumes,
A mata sombras, o sertão perfumes,
Murmúrio o bananal.

Por que tremes, mulher? Que estranho crime
Que remorso cruel assim te oprime
E te curva a cerviz?
O que nas dobras do vestido ocultas?
É um roubo talvez que aí sepultas?
É seu filho... Infeliz!...

Ser mãe é um crime, ter um filho – roubo!
Amá-lo uma loucura! Alma de lodo,
Para ti – não há luz.
Tens a noite no corpo, a noite na alma
Pedra que a humanidade pisa calma,
– Cristo que verga à cruz!

Na hipérbole do ousado cataclismo
Um dia Deus morreu... fuzila um prisma
Do Calvário ao Tabor!
Viu-se então de Palmira os pétreos ossos
De Babel o cadáver de destroços
Mais lívidos de horror.

Era o relampejar da liberdade
Nas nuvens do chorar da humanidade,
Ou sarça do Sinai,

– Relâmpagos que ferem de desmaios...
Revoluções, vós deles sois os raios,
Escravos, esperai!...

....

Leitor, se não tens desprezo
De vir descer às senzalas,
Trocar tapetes e salas
Por um alcouce cruel,
Vem comigo, mas... cuidado...
Que o teu vestido bordado
Não fique no chão manchado,
No chão do imundo bordel.

Não venhas tu que achas triste
Às vezes a própria festa.
Tu, grande, que nunca ouviste
Senão gemidos da orquestra
Por que despertar tu'alma,
Em sedas adormecida,
Esta excrescência da vida
Que ocultas com tanto esmero?
E o coração – tredo lodo,
Fezes d'ânfora dourada
Negra serpe, que enraivada,
Morde a cauda, morde o dorso
E sangra às vezes piedade,
E sangra às vezes remorso?...

Não venham esses que negam
A esmola ao leproso, ao pobre.
A luva branca do nobre
Oh! senhores, não mancheis...
Os pés lá pisam em lama,
Porém as frontes são puras
Mas vós nas faces impuras
Tendes lodo, e luz nos pés.

Porém vós, que no lixo do oceano
A pérola de luz ides buscar,
Mergulhadores deste pego insano
Da sociedade, deste tredo mar.

Vinde ver como rasgam-se as entranhas
De uma raça de novos
Prometeus. Ai! vamos ver guilhotinadas almas
Da senzala nos vivos mausoléus.

– Escrava, dá-me teu filho!
Senhores, ide-lo ver:
É forte, de uma raça bem provada,
Havemos tudo fazer.

Assim dizia o fazendeiro, rindo
E agitava o chicote...
A mãe que ouvia
Imóvel, pasma, doida, sem razão!
À Virgem Santa pedia
Com prantos por oração;

E os olhos no ar erguia
Que a voz não podia, não.

– Dá-me teu filho! repetiu fremente
O senhor, de sobr'olho carregado.
– Impossível!...
– Que dizes, miserável?!
– Perdão, senhor! perdão! meu filho dorme...
Inda há pouco o embalei, pobre inocente,
Que nem sequer pressente
Que ides...
– Sim, que o vou vender!
– Vender?!... Vender meu filho?!

Senhor, por piedade, não...
Vós sois bom... antes do peito
Me arranqueis o coração!
Por piedade, matai-me! Oh! É impossível
Que me roubem da vida o único bem!
Apenas sabe rir... é tão pequeno!
Inda não sabe me chamar?... Também
Senhor, vós tendes filhos... quem não tem?
Se alguém quisesse os vender
Havíeis muito chorar
Havíeis muito gemer,
Diríeis a rir – Perdão?!
Deixai meu filho... arrancai-me
Antes a alma e o coração!

– Cala-te miserável! Meus senhores,
O escravo podeis ver...

E a mãe em pranto aos pés dos mercadores
Atirou-se a gemer.

– Senhores! basta a desgraça
De não ter pátria nem lar,
De ter honra e ser vendida
De ter alma e nunca amar!

Deixai à noite que chora
Que espere ao menos a aurora,
Ao ramo seco uma flor;
Deixai o pássaro ao ninho,
Deixai à mãe o filhinho,
Deixai à desgraça o amor.

Meu filho é-me a sombra amiga
Neste deserto cruel!...
Flor de inocência e candura,
Favo de amor e de mel!

Seu riso é minha alvorada,
Sua lágrima dourada
Minha estrela, minha luz!
É da vida o único brilho...
Meu filho! é mais... é meu filho...
Deixai-mo em nome da Cruz!...

Porém nada comove homens de pedra,
Sepulcros onde é morto o coração.
A criança do berço ei-los arrancam
Que os bracinhos estende e chora em vão!

Mudou-se a cena. Já vistes
Bramir na mata o jaguar,
E no furor desmedido
Saltar, raivando atrevido.
O ramo, o tronco estalar,
Morder os cães que o morderam...
De vítima feita algoz,
Em sangue e horror envolvido
Terrível, bravo, feroz?

Assim a escrava da criança ao grito
Destemida saltou,
E a turba dos senhores aterrada
Ante ela recuou.

– Nem mais um passo, cobardes!
Nem mais um passo! ladrões!
Se os outros roubam as bolsas,
Vós roubais os corações!...

Entram três negros possantes,
Brilham punhais traiçoeiros...
Rolam por terra os primeiros
Da morte nas contorções.
....

Um momento depois a cavalgada
Levava a trote largo pela estrada
        A criança a chorar.
Na fazenda o azorrague então se ouvia
E aos golpes – uma doida respondia
        Com frio gargalhar!...

Recife, julho de 1865.

O SIBARITA ROMANO

> Este olhar, estes lábios, estas rugas exprimem uma sede impaciente e impossível de saciar. Quer e não pode. Sente o desejo e a impaciência.
>
> LAVATER

ESCRAVO, dá-me a c'roa de amaranto
Que mandou-me inda há pouco Afra impudente.
Orna-me a fronte... Enrola-me os cabelos,
Quero o mole perfume do Oriente.

Lança nas chamas dessa etrusca pira
O nardo trescalante de Medina.
Vem... desenrola aos pés do meu triclínio
As felpas de uma colcha bizantina.

Oh! tenho tédio... Embalde, ao pôr da tarde,
Pelas nereidas louras embalado,
Vogo em minha galera ao som das harpas,
Da cortesã nos seios recostado.

Debalde, em meu palácio altivo, imenso,
De mosaicos brilhantes embutido,

Nuas, volvem as filhas do Oriente
No morno banho em termas de porfido.

Só amo o circo... a dor, gritos e flores,
A pantera, o leão de hirsuta coma;
Onde o banho de sangue do universo
Rejuvenesce a púrpura de Roma.

E o povo-rei – na vítima do mundo
Palpa as entranhas que inda sangue escorrem,
E ergue-se o grito extremo dos cativos:
– Ave, Cesar! saúdam-te os que morrem!

Escravo, quero um canto... Vibra a lira,
De Orfeu desperta a fibra dolorida,
Canta a volúpia das bacantes nudas,
Fere o hino de amor que inflama a vida.

Doce, como do Himeto o mel dourado,
Puro como o perfume... Escravo insano!
Teu canto é o grito rouco das Eumênides,
Sombrio como um verso de Lucano.

Quero a ode de amor que o vento canta
Do Palatino aos flóreos arvoredos.
Quero os cantos de Nero... Escravo infame,
Quebras as cordas nos convulsos dedos!

Deixa esta lira! como o tempo é longo!
Insano! insano! que tormento sinto!

Traze o louro falerno transparente
Na mais custosa taça de Corinto.

Pesa-me a vida!... está deserto o Fórum!
E o tédio!... o tédio!... que infernal ideia!
Dá-me a taça, e do ergástulo das servas
Tua irmã trar-me-ás – a grega Haideia!

Quero em seu seio... Escravo desgraçado,
A este nome tremeu-te o braço exangue?
Vê... Manchaste-me a toga com o falerno,
Irás manchar o Coliseu com o sangue!...

Recife, 7 de setembro de 1865.

A CRIANÇA

Que veux-tu, fleur, beau fruit, ou l'oiseau merveilleux?
Ami, dit l'enfant grec, dit l'enfant aux yeux bleus,
Je veux de la poudre et des balles.

VICTOR HUGO (*Les Orientales*)

QUE TENS criança? O areal da estrada
Luzente a cintilar
Parece a folha ardente de uma espada.
Tine o sol nas savanas. Morno é o vento.
A sombra do palmar
O lavrador se inclina sonolento.

É triste ver uma alvorada em sombras,
Uma ave sem cantar,
O veado estendido nas alfombras.
Mocidade, és a aurora da existência,
Quero ver-te brilhar.
Canta, criança, és a ave da inocência.

Tu choras porque um ramo de baunilha
Nao pudeste colher,
Ou pela flor gentil da granadilha?

Dou-te um ninho, uma flor, dou-te uma palma,
Para em teus lábios ver
O riso – a estrela no horizonte da alma.

Não. Perdeste tua mãe ao fero açoite
Dos seus algozes vis.
E vagas tonto a tatear à noite.
Choras antes de rir... pobre criança!...
Que queres, infeliz?...
– Amigo, eu quero o ferro da vingança.

Recife, 30 de junho de 1865.

A CRUZ DA ESTRADA

Invideo quia quiescunt.

LUTHERO (Worms)

Tu que passas, descobre-te! Ali dorme
O forte que morreu.

A. HERCULANO (Trad.)

CAMINHEIRO que passas pela estrada,
Seguindo pelo rumo do sertão,
Quando vires a cruz abandonada,
Deixa-a em paz dormir na solidão.

Que vale o ramo do alecrim cheiroso
Que lhe atiras nos braços ao passar?
Vais espantar o bando buliçoso
Das borboletas, que lá vão pousar.

É de um escravo humilde sepultura,
Foi-lhe a vida o velar de insônia atroz.
Deixa-o dormir no leito de verdura,
Que o Senhor dentre as selvas lhe compôs.

Não precisa de ti. O gaturamo
Geme, por ele, à tarde, no sertão.
E a juriti, do taquaral no ramo,
Povoa, soluçando, a solidão.

Dentre os braços da cruz, a parasita,
Num abraço de flores, se prendeu.
Chora orvalhos a grama, que palpita;
Lhe acende o vaga-lume o facho seu.

Quando, à noite, o silêncio habita as matas,
A sepultura fala a sós com Deus.
Prende-se a voz na boca das cascatas,
E as asas de ouro aos astros lá nos céus.

Caminheiro! do escravo desgraçado
O sono agora mesmo começou!
Não lhe toques no leito de noivado,
Há pouco a liberdade o desposou.

Recife, 22 de junho de 1865.

BANDIDO NEGRO

> Corre, corre sangue do cativo
> Cai, cai, orvalho de sangue
> Germina, cresce, colheita vingadora
> A ti, segador, a ti. Está madura.
> Aguça tua foice, aguça, aguça tua foice
>
> E. Sue (*Canto dos Filhos de Agar*)

Trema a terra de susto aterrada...
Minha égua veloz, desgrenhada,
Negra, escura nas lapas voou.
Trema o céu... ó ruína! ó desgraça!
Porque o negro bandido é quem passa,
Porque o negro bandido bradou:

Cai, orvalho de sangue do escravo,
Cai, orvalho, na face do algoz.
Cresce, cresce, seara vermelha,
Cresce, cresce, vingança feroz.

Dorme o raio na negra tormenta...
Somos negros... o raio fermenta
Nesses peitos cobertos de horror.
Lança o grito da livre coorte,

Lança, ó vento, pampeiro de morte,
Este guante de ferro ao senhor.

Cai, orvalho de sangue do escravo,
Cai, orvalho, na face do algoz.
Cresce, cresce, seara vermelha,
Cresce, cresce, vingança feroz.

Eia! Ó raça que nunca te assombras!
Pra o guerreiro uma tenda de sombras
Arma a noite na vasta amplidão.
Sus! pulula dos quatro horizontes,
Sai da vasta cratera dos montes,
Donde salta o condor, o vulcão.

Cai, orvalho de sangue do escravo,
Cai, orvalho, na face do algoz.
Cresce, cresce, seara vermelha,
Cresce, cresce, vingança feroz.

E o senhor que na festa descanta
Pare o braço que a taça alevanta,
Coroada de flores azuis.
E murmure, julgando-se em sonhos:
"Que demônios são estes medonhos,
Que lá passam famintos e nus?"

Cai, orvalho de sangue do escravo,
Cai, orvalho, na face do algoz.
Cresce, cresce, seara vermelha,
Cresce, cresce, vingança feroz.

Somos nós, meu senhor, mas não tremas.
Nós quebramos as nossas algemas
Pra pedir-te as esposas ou mães.
Este é o filho do ancião que mataste.
Este – irmão da mulher que manchaste...
Oh! não tremas, senhor, são teus cães.

Cai, orvalho de sangue do escravo,
Cai, orvalho, na face do algoz.
Cresce, cresce, seara vermelha,
Cresce, cresce, vingança feroz.

São teus cães, que têm frio e têm fome.
Que há dez séculos a sede consome...
Quero um vasto banquete feroz...
Venha o manto que os ombros nos cubra.
Para vós fez-se a púrpura rubra.
Fez-se o manto de sangue pra nós.

Cai, orvalho de sangue do escravo,
Cai, orvalho, na face do algoz.
Cresce, cresce, seara vermelha,
Cresce, cresce, vingança feroz.

Meus leões africanos, alerta!
Vela a noite... a campina é deserta.
Quando a lua esconder seu clarão
Seja o bramo da vida arrancado
No banquete da morte lançado
Junto ao corvo, seu lúgubre irmão

Cai, orvalho de sangue do escravo,
Cai, orvalho, na face do algoz.
Cresce, cresce, seara vermelha,
Cresce, cresce, vingança feroz.

Trema o vale, o rochedo escarpado,
Trema o céu de trovões carregado,
Ao passar da rajada de heróis,
Que nas éguas fatais desgrenhadas
Vão brandindo essas brancas espadas,
Que se amolam nas campas de avós.

Cai, orvalho de sangue do escravo,
Cai, orvalho, na face do algoz.
Cresce, cresce, seara vermelha,
Cresce, cresce, vingança feroz.

AMÉRICA

> Acorda a pátria e vê que é pesadelo
> O sonho da ignomínia que ela sonha!
>
> TOMÁS RIBEIRO

A TÉPIDA sombra das matas gigantes,
Da América ardente nos pampas do Sul,
Ao canto dos ventos nas palmas brilhantes,
A luz transparente de um céu todo azul.

A filha das matas – cabocla morena –
Se inclina indolente sonhando talvez!
A fronte nos Andes reclina serena.
E o Atlântico humilde se estende a seus pés.

As brisas dos cerros ainda lhe ondulam
Nas plumas vermelhas do arco de avós,
Lembrando o passado seus seios pululam,
Se a onça ligeira boliu nos cipós.

São vagas lembranças de um tempo que teve!..
Palpita-lhe o seio por sob uma cruz.
E em cisma doirada – qual garça de neve –
Sua alma revolve-se em ondas de luz.

Embalam-lhe os sonhos, na tarde saudosa,
Os cheiros agrestes do vasto sertão,
E a triste araponga que geme chorosa
E a voz dos tropeiros em terna canção.

Se o gênio da noite no espaço flutua
Que negros mistérios a selva contém!
Se a ilha de prata, se a pálida lua
Clareia o levante, que amores não tem!

Parece que os astros são anjos pendidos
Das frouxas neblinas da abóbada azul,
Que miram, que adoram ardentes, perdidos,
A filha morena dos pampas do Sul.

Se aponta a alvorada por entre as cascatas,
Que estrelas no orvalho que a noite verteu!
As flores são aves que pousam nas matas,
As aves são flores que voam no céu!

....

Ó pátria, desperta... Não curves a fronte
Que enxuga-te os prantos o Sol do Equador.
Não miras na fímbria do vasto horizonte
A luz da alvorada de um dia melhor?

Já falta bem pouco. Sacode a cadeia
Que chamam riquezas... que nódoas te são!

Não manches a folha de tua epopeia
No sangue do escravo, no imundo balcão.

Sê pobre, que importa? Sê livre... és gigante,
Bem como os condores dos píncaros teus!
Arranca este peso das costas do Atlante,
Levanta o madeiro dos ombros de Deus.

Recife, junho de 1865.

REMORSO

(Ao assassino de Lincoln)

Cain! Cain!

Byron

Neque fama deum, nec fulmina, nec mini tanti
Murmure, compressit coelum...

Lucrécio

Cavaleiro sinistro, embuçado,
Neste negro cavalo montado,
Onde vais galopando veloz?
Tu não vês como o vento farfalha,
E das nuvens sacode a mortalha
Ululando com lúgubre voz?

Cavaleiro, onde vais? tu não sentes
Teu capote seguro nos dentes
E nas garras do negro tufão,
Nestas horas de horror e segredo
Quando os mangues s'escondem com medo
Tiritando do mar n'amplidão?

Quando a serra se embuça em neblinas
E as lufadas sacodem as crinas
Do pinheiro que geme no val,
E no espaço se apagam as lampas,
E uma chama azulada nas campas
Lambe as pedras por noite hibernal.

Onde vais? Onde vais temerário
A correr... a voar?... Que fadário
Aos ouvidos te grita – fugi?
Por que fitas o olhar desvairado
No horizonte que foge espantado
Em tuas costas com medo de ti?

Ai! debalde galopas a est'hora!
É debalde que sangra na espora
Negro flanco do negro corcel.
E no célere rápido passo
Devorando com as patas o espaço
Saltas montes e vales revel.

Não apagas da fronte o ferrete
Onde o crime com frio estilete
Nome estranho bem fundo gravou.
O que buscas? – A noite sem lumes?
Pra aclarar-te fatais vaga-lumes
Teu cavalo do chão despertou.

De bem longe o arvoredo trevoso,
Estirando o pescoço nodoso,

Vem – correndo – na estrada te olhar
Mas tua fronte maldita encarando,
Foge... foge veloz recuando,
Vai nas brumas a fronte velar.

Tu não vês? Qual matilha esfaimada,
Lá dos morros por sobre a quebrada,
Ladra o eco gritando: quem és?
Onde vais, cavaleiro maldito?
Mesmo oculto nos véus do infinito
Tua sombra te morde nos pés.

CANTO DE BUG JARGAL

(Traduzido de V. Hugo)

Por que foges de mim? Por quê, Maria?
E gelas-te de medo, se me escutas?
Ah! sou bem formidável na verdade,
Sei ter amor, ter dores e ter cantos!
Quando, através das palmas dos coqueiros
Tua forma desliza aérea e pura,
Ó Maria, meus olhos se deslumbram,
Julgo ver um espírito que passa.
E, se escuto os acentos encantados,
Que em melodia escapam de teus lábios,
Meu coração palpita em meu ouvido
Misturando um queixoso murmúrio
De tua voz à lânguida harmonia.
Ai! tua voz é mais doce do que o canto
Das aves que no céu vibram as asas,
E que vem no horizonte lá da pátria.
Da pátria onde era rei, onde era livre!
Rei e livre, Maria! e esqueceria
Tudo por ti... esqueceria tudo
– A família, o dever, reino e vingança

Sim, até a vingança!... ainda que cedo
Tenha enfim de colher este acre fruto,
Acre e doce que tarde amadurece.

....

Ó Maria, pareces a palmeira
Bela, esbelta, embalada pelas auras.
E te miras no olhar de teu amante
Como a palmeira n'água transparente.
Porém... sabes? Às vezes há no fundo
Do deserto o uragã que tem ciúmes
Da fonte amada... e arroja-se e galopa.
O ar e a areia misturando turvos
Sob o voo pesado de suas asas.
Num turbilhão de fogo, árvore e fonte
Envolve... e seca a límpida vertente,
Sente a palmeira a um hálito de morte
Crespar-se o verde círculo da folhagem,
Que tinha a majestade de uma c'roa
E a graça de uma solta cabeleira.

....

Oh! treme, branca filha de espanhola,
Treme, breve talvez tenhas em torno
O uragã e o deserto. Então, Maria,
Lamentarás o amor que hoje pudera
Te conduzir a mim, bem como o kata
– Da salvação o pássaro ditoso –

Através das areias africanas
Guia o viajante lânguido à cisterna.
E por que enjeitas meu amor? Escuta:
Eu sou rei, minha fronte se levanta
Sobre as frontes de todos. Ó Maria,
Eu sei que és branca e eu negro, mas precisa
O dia unir-se à noite feia, escura,
Para criar as tardes e as auroras,
Mais belas do que a luz, mais do que as trevas!

Recife, 10 de setembro de 1865.

A ÓRFÃ NA SEPULTURA

MINHA MÃE, a noite é fria,
Desce a neblina sombria,
Geme o riacho no val
E a bananeira farfalha,
Como o som de uma mortalha
Que rasga o gênio do mal.

Não vês que noite cerrada?
Ouviste essa gargalhada
Na mata escura? ai de mim!
Mãe, ó mãe, tremo de medo.
Oh! quando enfim teu segredo,
Teu segredo terá fim?

Foi ontem que à Ave-Maria
O sino da freguesia,
Me fez tanto soluçar.
Foi ontem que te calaste...
Dormiste... os olhos fechaste...
Nem me fizeste rezar!...

Sentei-me junto ao teu leito,
Estava tão frio o teu peito,
Que eu fui o fogo atiçar.
Parece que então me viste
Porque dormindo sorriste
Como uma santa no altar.

Depois o fogo apagou-se,
Tudo no quarto calou-se,
E eu também calei-me então.
Somente acesa uma vela
Triste, de cera amarela,
Tremia na escuridão.

Apenas nascera o dia,
À voz do *maridedia*
Saltei contente de pé.
Cantavam os passarinhos
Que fabricavam seus ninhos
No telhado de sapé.

Porém tu, por que dormias,
Por que já não me dizias
"Filha do meu coração?"
Estavas aflita comigo?
Mãe, abracei-me contigo,
Pedi-te embalde perdão...

Chorei muito! ai triste vida!
Chorei muito, arrependida

Do que talvez fiz a ti.
Depois rezei ajoelhada
A reza da madrugada
Que tantas vezes te ouvi:

"Senhor Deus, que após a noite
"Mandas a luz do arrebol,
"Que vestes a esfarrapada
"Com o manto rico do sol,

"Tu que dás à flor o orvalho,
"Às aves o céu e o ar,
"Que dás as frutas ao galho,
"Ao desgraçado o chorar;

"Que desfias diamantes
"Em cada raio de luz,
"Que espalhas flores de estrelas
"Do céu nos campos azuis;

"Senhor Deus, tu que perdoas
"A toda alma que chorou,
"Como a clícia das lagoas,
"Que a água da chuva lavou;

"Faze da alma da inocente
"O ninho do teu amor,
"Verte o orvalho da virtude
"Na minha pequena flor.

"Que minha filha algum dia
"Eu veja livre e feliz!...
"Ó Santa Virgem Maria,
"Sê mãe da pobre infeliz."

Inda lembras-te! dizias,
Sempre que a reza me ouvias
Em prantos de a sufocar:
"Ai! têm orvalhos as flores,
"Tu, filha dos meus amores,
"Tens o orvalho do chorar".

Mas hoje sempre sisuda
Me ouviste... ficaste muda
Sorrindo não sei pra quem.
Quase então que eu tive medo...
Parecia que um segredo
Dizias baixinho a alguém.

Depois... depois... me arrastaram...
Depois... sim... te carregaram
Pra vir te esconder aqui.
Eu sozinha lá na sala...
Estava tão triste a senzala...
Mãe, para ver-te eu fugi...

E agora, ó Deus!... se te chamo
Não me respondes!... se clamo,
Respondem-me os ventos suis...
No leito onde a rosa medra

Tu tens por lençol a pedra,
Por travesseiro uma cruz.

É muito estreito esse leito?
Que importa? abre-me teu peito
– Ninho infinito de amor.
– Palmeira – quero-te a sombra.
– Terra – dá-me a tua alfombra.
– Santo fogo – o teu calor.

Mãe, minha voz já me assusta...
Alguém na floresta adusta
Repete os soluços meus.
Sacode a terra... desperta!...
Ou dá-me a mesma coberta,
Minha mãe... meu céu... meu Deus...

ANTÍTESE

> O seu prêmio? – O desprezo e uma carta de alforria quando tem gastas as forças e não pode mais ganhar a subsistência.
>
> MACIEL PINHEIRO

CINTILA a festa nas salas!
Das serpentinas de prata
Jorram luzes em cascata
Sobre sedas e rubins.
Soa a orquestra... Como silfos
Na valsa os pares perpassam,
Sobre as flores, que se enlaçam
Dos tapetes nos coxins.

Entanto a névoa da noite
No átrio, na vasta rua,
Como um sudário flutua
Nos ombros da solidão.
E as ventanias errantes,
Pelos ermos perpassando,
Vão se ocultar soluçando

Nos antros da escuridão.
Tudo é deserto... somente
À praça em meio se agita
Dúbia forma que palpita,
Se estorce em rouco estertor.
– Espécie de cão sem dono
Desprezado na agonia,
Larva da noite sombria,
Mescla de trevas e horror.

E ele o escravo maldito,
O velho desamparado,
Bem como o cedro lascado,
Bem como o cedro no chão.
Tem por leito de agonias
As lájeas do pavimento,
E como único lamento
Passa rugindo o tufão.

Chorai, orvalhos da noite,
Soluçai, ventos errantes.
Astros da noite brilhantes
Sêde os círios do infeliz!
Que o cadáver insepulto,
Nas praças abandonado,
É um verbo de luz um brado
Que a liberdade prediz.

Recife, 10 de julho de 1865.

CANÇÃO DO VIOLEIRO

PASSA, ó vento das campinas,
Leva a canção do tropeiro.
Meu coração está deserto,
Está deserto o mundo inteiro.
Quem viu a minha senhora
Dona do meu coração?

Chora, chora na viola,
Violeiro do sertão.

Ela foi-se ao pôr da tarde
Como as gaivotas do rio.
Como os orvalhos que descem
Da noite num beijo frio,
O cauã canta bem triste,
Mais triste é meu coração.

Chora, chora na viola
Violeiro do sertão.

E eu disse: a senhora volta
Com as flores da sapucaia.

Veio o tempo, trouxe as flores,
Foi o tempo, a flor desmaia.
Colhereira, que além voas,
Onde está meu coração?

Chora, chora na viola,
Violeiro do sertão.

Não quero mais esta vida,
Não quero mais esta terra.
Vou procurá-la bem longe,
Lá para as bandas da serra.
Ai! triste que eu sou escravo!
Que vale ter coração?

Chora, chora na viola,
Violeiro do sertão.

Recife, setembro de 1865.

SÚPLICA

Le nègre marqué au signe de Dieu comme vous passera désormais du berceau à la fosse, la nuit sur son âme, la nuit sur la figure.

PELLETAN

SENHOR DEUS, dá que a boca da inocência
Possa ao menos sorrir,
Como a flor da granada abrindo as pétalas
Da alvorada ao surgir.

Dá que um dedo de mãe aponte ao filho
O caminho dos céus,
E seus lábios derramem como pérolas
Dois nomes – filho e Deus.

Que a donzela não manche em leito impuro
A grinalda do amor.
Que a honra não se compre ao carniceiro
Que se chama senhor.

Dá que o brio não cortem como o cardo
Filho do coração.

Nem o chicote acorde o pobre escravo
A cada aspiração.

Insultam e desprezam da velhice
A coroa de cãs.
Ante os olhos do irmão em prostitutas
Transformam-se as irmãs.

A esposa é bela... Um dia o pobre escravo
Solitário acordou;
E o vício quebra e ri do nó perpétuo
Que a mão de Deus atou.

Do abismo em pego, de desonra em crime
Rola o mísero a sós.
Da lei sangrento o braço rasga as vísceras
Como o *abutre feroz*.

Vê!... A inocência, o amor, o brio, a honra,
E o velho no balcão.
Do berço à sepultura a infâmia escrita...
Senhor Deus! compaixão!...

Recife, 10 de setembro de 1865.

O VIDENTE

Virá o dia da felicidade e justiça para todos.

ISAÍAS

ÀS VEZES quando à tarde, nas tardes brasileiras,
A cisma e a sombra descem das altas cordilheiras;
Quando a viola acorda na choça o sertanejo
E a linda lavadeira cantando deixa o brejo,
E a noite – a freira santa – no órgão das florestas
Um salmo preludia nos troncos, nas giestas;
Se acaso solitário passo pelas *picadas*,
Que torcem-se escamosas nas lapas escarpadas,
Encosto sobre as pedras a minha carabina,
Junto a meu cão, que dorme nas sarças da colina,
E, como uma harpa eólia entregue ao tom dos ventos,
– Estranhas melodias, estranhos pensamentos,
Vibram-me as cordas d'alma enquanto absorto cismo,
Senhor! vendo tua sombra curvada sobre o abismo,
Colher a prece alada, o canto que esvoaça
E a lágrima que orvalha o lírio da desgraça,
Então, num santo êxtasis, escuto a terra e os céus.
E o vácuo se povoa de tua sombra, ó Deus!

Ouço o cantar dos astros no mar do firmamento;
No mar das matas virgens ouço o cantar do vento,
Aromas que s'elevam, raios de luz que descem,
Estrelas que despontam, gritos que se esvaecem,
Tudo me traz um canto de imensa poesia,
Como a primícia augusta da *grande profecia*;
Tudo me diz que o Eterno, na idade prometida,
Há de beijar na face a terra arrependida.
E, desse beijo santo, desse ósculo sublime
Que lava a iniquidade, a escravidão e o crime,
Hão de nascer virentes nos campos das idades,
Amores, esperanças, glórias e liberdades!
Então, num santo êxtase, escuto a terra e os céus,
O vácuo se povoa de tua sombra, ó Deus!

E, ouvindo nos espaços as louras utopias
Do futuro cantarem as doces melodias,
Dos povos, das idades, a nova promissão...
Me arrasta ao infinito a águia da inspiração...
Então me arrojo ousado das eras através,
Deixando estrelas, séculos, volverem-se a meus pés...
Porque em minh'alma sinto ferver enorme grito,
Ante o estupendo quadro das telas do infinito...
Que faz que, em santo êxtasis, eu veja a terra e os céus,
E o vácuo povoado de tua sombra, ó Deus!

Eu vejo a terra livre... como outra Madalena,
Banhando a fronte pura na viração serena,
Da urna do crepúsculo, verter nos céus azuis
Perfumes, luzes, preces, curvada aos pés da cruz...

No mundo – tenda imensa da humanidade inteira –
Que o espaço tem por teto, o sol tem por lareira,
Feliz se aquece unida a universal família.
Oh! dia sacrossanto em que a justiça brilha,
Eu vejo em ti das ruínas vetustas do passado,
O velho sacerdote augusto e venerado
Colher a parasita – a santa flor – o culto,
Como o coral brilhante do mar na vasa oculto
Não mais inunda o templo a vil superstição;
A fé – a pomba mística – e a águia da razão,
Unidas se levantam do vale escuro d'alma
Ao ninho do infinito voando em noite calma.
Mudou-se o férreo cetro, esse aguilhão dos povos,
Na virga do profeta coberta de renovos.
E o velho cadafalso horrendo e corcovado
Ao poste das idades por irrisão ligado
Parece embalde tenta cobrir com as mãos a fronte,
– Abutre que esqueceu que o sol vem no horizonte.
Vêde: as crianças louras aprendem no Evangelho
A letra que comenta algum sublime velho,
Em toda a fronte há luzes, em todo o peito amores,
Em todo o céu estrelas, em todo o campo flores...
E, enquanto, sob as vinhas, a ingênua camponesa
Enlaça às negras tranças a rosa da deveza;
Dos saaras africanos, dos gelos da Sibéria,

Do Cáucaso, dos campos dessa infeliz Ibéria,
Dos mármores lascados da terra santa homérica,
Dos pampas, das savanas desta soberba América
Prorrompe o hino livre, o hino do trabalho!

E, ao canto dos obreiros, na orquestra audaz do malho!
O ruído se mistura da imprensa, das ideias,
Todos da liberdade forjando as epopeias,
Todos co'as mãos calosas, todos banhando a fronte
Ao sol da independência que irrompe no horizonte.

Oh! escutai! ao longe vago rumor se eleva
Como o trovão que ouviu-se quando na escura treva.
O braço onipotente rolou Satã maldito.
É outro condenado ao raio do infinito,
É o retumbar por terra desses impuros paços,
Desses serralhos negros, desses Egeus devassos,
Saturnos de granito, feitos de sangue e ossos...
Que bebem a existência do povo nos destroços...

....

Enfim a terra é livre! Enfim lá do calvário
A águia da liberdade, no imenso itinerário,
Voa do Calpe brusco às cordilheiras grandes,
Das cristas do Himalaia aos píncaros dos Andes!
Quebraram-se as cadeias, é livre a terra inteira,
A humanidade marcha com a Bíblia por bandeira;
São livres os escravos... quero empunhar a lira,
Quero que est'alma ardente um canto audaz desfira,
Quero enlaçar meu hino aos murmúrios dos ventos,
As harpas das estrelas, ao mar, aos elementos!

....

Mas, ai! longos gemidos de míseros cativos,
Tinidos de mil ferros, soluços convulsivos,
Vêm-me bradar nas sombras, como fatal vedeta:
“Que pensas, moço triste? Que sonhas tu, poeta?”
Então curvo a cabeça de raios carregada,
E, atando brônzea corda à lira amargurada,
O canto de agonia arrojo à terra, aos céus,
E ao vácuo povoado de tua sombra, ó Deus!

A MÃE DO CATIVO

Le Christ à Nazareth, aux jours de son enfance
Jouait avec la croix, symbole de sa mort;
Mère du Polonais! qu'il apprenne d'avance
A combattre et braver les outrages du Sort.

Qu'il couve dans son sein sa colère et sa joie;
Que ses discours prudents distillent le venin,
Comme un abîme obscur que son coeur se reploie:
À terre, à deux genoux, qu'il rampe comme un nain.

MICKIEWICZ (*A mãe polaca*)

I

Ó MÃE DO CATIVO! que alegre balanças
A rede que ataste nos galhos da selva!
Melhor tu farias se à pobre criança
Cavasses a cova por baixo da relva.

Ó mãe do cativo! que fias à noite
As roupas do filho na choça da palha!
Melhor tu farias se ao pobre pequeno
Tecesses o pano da branca mortalha.

Misérrima! E ensinas ao triste menino
Que existem virtudes e crimes no mundo
E ensinas ao filho que seja brioso,
Que evite dos vícios o abismo profundo...

E louca, sacodes nesta alma, inda em trevas,
O raio da esperança... Cruel ironia!
E ao pássaro mandas voar no infinito,
Enquanto que o prende cadeia sombria!...

II

Ó Mãe! não despertes est'alma que dorme,
Com o verbo sublime do Mártir da Cruz!
O pobre que rola no abismo sem termo;
Pra qu'há de sondá-lo.... Que morra sem luz.

Não vês no futuro seu negro fadário,
Ó cega divina que cegas de amor?!
Ensina a teu filho – desonra, misérias,
A vida nos crimes – a morte na dor.

Que seja covarde... que marche encurvado...
Que de homem se torne sombrio reptil.
Nem core de pejo, nem trema de raiva
Se a face lhe cortam com o látego vil.

Arranca-o do leito... seu corpo habitue-se
Ao frio das noites, aos raios do sol.
Na vida – só cabe-lhe a tanga rasgada!
Na morte – só cabe-lhe o roto lençol.

Ensina-o que morda... mas pérfido oculte-se
Bem como a serpente por baixo da chã
Que impávido veja seus pais desonrados,
Que veja sorrindo mancharem-lhe a irmã.

Ensina-lhe as dores de um fero trabalho...
Trabalho que pagam com pútrido pão.
Depois que os amigos açoite no tronco...
Depois que adormeça co'o sono de um cão.

Criança – não trema dos transes de um mártir!
Mancebo – não sonhe delírios de amor!
Marido – que a esposa conduza sorrindo
Ao leito devasso do próprio senhor!...

São estes os cantos que deves na terra
Ao mísero escravo somente ensinar.
Ó Mãe que balanças a rede selvagem
Que ataste nos troncos do vasto palmar.

III

Ó Mãe do cativo, que fias à noite
À luz da candeia na choça de palha!
Embala teu filho com essas cantigas...
Ou tece-lhe o pano da branca mortalha.

São Paulo, 24 de junho de 1868.

MANUELA

(Cantiga do Rancho)

Companheiros! já na serra
Erra.
A *tropa* inteira a pastar...
Tropeiros!... junto à *candeia*
Eia!
Soltemos nosso trovar...

Té que as barras do Oriente
Rente
Saiam dos montes de lá...
Cada qual sua cantiga
Diga
Aos ecos do Sincorá.

No rancho as noites se escoam.
Voam,
Quando geme o trovador...
Ouvi, pois! que esta guitarra...
Narra
O meu romance de amor.

Manuela era formosa
Rosa,
Rosa aberta no sertão...
Com seu torço adamascado
Dado
Ao sopro da viração.

Provocante, mas esquiva,
Viva
Como um doido beija-flor...
Manuela – a moreninha
Tinha
Em cada peito um amor...

Inda agora... quando o vento
Lento
Traz-me saudades de então...
Parece que a vejo ainda
Linda
Do fado no turbilhão...

Vejo-lhe o pé resvalando
Brando
No fandango a delirar.
Inda ao som das castanholas
Rolas
Diante do meu olhar...

Manuela... mesmo agora
Chora

Minh'alma pensando em ti...
E na viola relembro
Lembro
Tiranas que então gemi.

"Manuela, Manuela
Bela
Como tu ninguém luziu...
Minha travessa morena,
Pena
Pena tem de quem te viu!...

Manuela... Eu não perjuro!
Juro
Pela luz dos olhos teus...
Morrer por ti, Manuela
Bela,
Se esqueces os sonhos meus.

Por teus sombrios olhares
– Mares
Onde eu me afogo de amor...
Pelas tranças que desatas
– Matas
Cheias de aroma e frescor...

Pelos peitos que entre rendas
Vendas
Com medo que os vão roubar...
Pela perna que no frio

Rio
Pude outro dia enxergar...

Por tudo que tem a terra,
Serra,
Mato, rio, campo e céu...
Eu te juro, Manuela,
Bela
Que serei cativo teu...

Tu bem sabes que Maria,
Fria
É pra outros, não p'ra mim...
Que morrem Lúcia, Joana
E Ana
Aos sons do meu bandolim...

Mas tu és um passarinho
– Ninho
Fizeste no peito meu...
Eu sou a boca – és o canto
Tanto
Que sem ti não canto eu.

Vamos pois... A noite cresce
Desce
A lua a beijar a flor...
À sombra dos arvoredos
Ledos
Os ventos choram de amor...

Vamos, pois... ó moreninha
Minha...
Minha esposa ali serás...
Ao vale a relva tapiza
Pisa...
Serão teus Paços-reais!

Por padre uma árvore vasta
Basta!
Por igreja – o azul do céu...
Serão as brancas estrelas
– Velas
Acesas pra o himeneu".

Assim nos tempos perdidos
Idos
Eu cantava... mas em vão...
Manuela, que me ouvia,
Ria,
Casta flor da solidão!...

Companheiros! se inda agora
Chora
Minha viola a gemer,
É porque um dia... Escutai-me
Dai-me
Sim! dai-me antes que beber!...

É que um dia... mas bebamos
Vamos...
No copo afogue-se a dor!...
Manuela, Manuela,
Bela,
Fez-se amante do senhor!...

São Paulo, 25 de junho de 1868.

FÁBULA

O PÁSSARO E A FLOR

ERA NUM DIA sombrio
Quando um pássaro erradio
Veio parar num jardim.
Aí fitando uma rosa,
Sua voz triste e saudosa,
Pôs-se a improvisar assim:

"Ó Rosa, ó Rosa bonita!
ó Sultana favorita
Deste serralho de azul:
Flor que vives num palácio,
Como as princesas de Lácio,
Como as filhas de 'Stambul.

Como és feliz! Quanto eu dera
Pela eterna primavera
Que o teu castelo contém...
Sob o cristal abrigada,
Tu nem sentes a geada
Que passa raivosa além.

Junto às estátuas de pedra
Tua vida cresce, medra,
Ao fumo dos *narguillés*,
No largo vaso da China
Da porcelana mais fina
Que vem do Império Chinês.

O Inverno ladra na rua,
Enquanto adormeces nua
Na *estufa* até de manhã.
Por escrava – tens a aragem
O sol – é teu louro pajem.
Tu és dele – a castelã.

Enquanto que eu, desgraçado,
Pelas chuvas ensopado
Levo o tempo a viajar,
– Boêmio da média idade
Vou do castelo à cidade,
Vou do mosteiro ao solar!

Meu *capote* roto e pobre
Mal os meus ombros encobre
Quanto à *gorra*... tu bem vês!...
Ai! meu Deus! se Rosa fora
Como eu zombaria agora
Dos louros dos menestréis!..."

Então por entre a folhagem
Ao passarinho selvagem
A rosa assim respondeu:
"Cala-te, bardo dos bosques!
Ai! não troques os quiosques
Pela cúpula do céu.

Tu não sabes que delírios
Sofrem as rosas e os lírios
Nesta dourada prisão.
Sem falar com as violetas,
Sem beijar as borboletas,
Sem as auras do sertão.

Molha-te a fria geada...
Que importa? A loura alvorada
Virá beijar-te amanhã.
Poeta, romperás logo,
A cada beijo de fogo,
Na cantilena louçã.

Mas eu?!... Nas salas brilhantes
Entre as tranças deslumbrantes
A virgem me enlaçará...
Depois... cadáver de rosa...
A valsa vertiginosa
Por sobre mim rolará.

Vai, Poeta... Rompe os ares
Cruza a serra, o vale, os mares
Deus ao chão não te amarrou!
Eu calo-me – tu descantas,
Eu rojo – tu te levantas,
Tu és livre – escrava eu sou!...

São Paulo, junho de 1868.

ESTROFES DO SOLITÁRIO

Basta de covardia! A hora soa...
Voz ignota e fatídica revoa,
Que vem... Donde? De Deus.
A nova geração rompe da terra,
E, qual Minerva armada para a guerra,
Pega a espada... olha os céus.

Sim, de longe, das raias do futuro,
Parte um grito, pra – os homens surdo, obscuro,
Mas para – os moços, não!
É que, em meio das lutas da cidade,
Não ouvis o clarim da Eternidade,
Que troa n'amplidão!

Quando as praias se ocultam na neblina,
E como a garça, abrindo a asa latina,
Corre a barca no mar,
Se então sem freios se despenha o norte,
E impossível – parar... volver – é morte...
Só lhe resta marchar.

E o povo é como – a barca em plenas vagas,
A tirania – é o tremedal das plagas,

O porvir – a amplidão.
Homens! Esta lufada que rebenta
É o furor da mais lôbrega tormenta...
– Ruge a revolução.

E vós cruzais os braços... Covardia!
E murmurais com fera hipocrisia:
– É preciso esperar...
Esperar? Mas o quê? Que a populaça,
Este vento que os tronos despedaça,
Venha abismos cavar?

Ou quereis, como o sátrapa arrogante,
Que o porvir, n'antessala, espere o instante
Em que o deixeis subir?!
Oh! parai a avalanche, o sol, os ventos,
O oceano, o condor, os elementos...
Porém nunca o porvir!

Meu Deus! Da negra lenda que se inscreve
Co'o sangue de um Luís, no chão da Grève,
Não resta mais um som!...
Em vão nos deste, pra maior lembrança,
Do mundo – a Europa, mas d'Europa – a França.
Mas da França – um Bourbon!

Desvario das frontes coroadas!
Na página das púrpuras rasgadas
Ninguém mais estudou!
E no sulco do tempo, embalde dorme

A cabeça dos reis – semente enorme
Que a multidão plantou!...

No entanto fora belo nesta idade
Desfraldar o estandarte da igualdade,
De Byron ser o irmão...
E pródigo – a esta Grécia brasileira,
Legar no testamento – uma bandeira,
E ao mundo – uma nação.

Soltar ao vento a inspiração de Graco
Envolver-se no manto de 'Spartaco,
Dos servos entre a grei;
Lincoln – o Lázaro acordar de novo,
E da tumba da ignomínia erguer um povo,
Fazer de um verme – um rei!

Depois morrer – que a vida está completa,
– Rei ou tribuno, César ou poeta,
Que mais quereis depois?
Basta escutar, do fundo lá da cova,
Dançar em vossa lousa a raça nova
Libertada por vós...

O NAVIO NEGREIRO

Tragédia no mar

1ª

Estamos em pleno mar.... Doido no espaço
Brinca o luar – dourada borboleta –
E as vagas após ele correm... cansam
Como turba de infantes inquieta.

Estamos em pleno mar... Do firmamento
Os astros saltam como espumas de ouro...
O mar em troca acende as ardentias
– Constelações do líquido tesouro...

Estamos em pleno mar... Dois infinitos
Ali se estreitam num abraço insano
Azuis, dourados, plácidos, sublimes...
Qual dos dois é o céu? Qual o oceano?...

Estamos em pleno mar... Abrindo as velas
Ao quente arfar das virações marinhas,
Veleiro brigue corre à flor dos mares
Como roçam na vaga as andorinhas...

Donde vem?... Onde vai?... Das naus errantes
Quem sabe o rumo se é tão grande o espaço?
Neste Saara os corcéis o pó levantam,
Galopam, voam, mas não deixam traço.

Bem feliz quem ali pode nest'hora
Sentir deste painel a majestade!...
Embaixo – o mar... em cima – o firmamento...
E no mar e no céu – a imensidade!

Oh! que doce harmonia traz-me a brisa!
Que música suave ao longe soa!
Meu Deus! Como é sublime um canto ardente
Pelas vagas sem fim boiando à toa!

Homens do mar! Ó rudes marinheiros
Tostados pelo sol dos quatro mundos!
Crianças que a procela acalentara
No berço destes pélagos profundos!

Esperai! Esperai! deixai que eu beba
Esta selvagem, livre poesia...
Orquestra – é o mar que ruge pela proa,
E o vento que nas cordas assobia...

....

Por que foges assim, barco ligeiro?
Por que foges do pávido poeta?
Oh! quem me dera acompanhar-te a *esteira*
Que semelha no mar – doido cometa!

Albatroz! Albatroz! águia do oceano,
Tu, que dormes das nuvens entre as gazas,
Sacode as penas, Leviatã do espaço!
Albatroz! Albatroz! dá-me estas asas...

2ª

Que importa do nauta o berço,
Donde é filho, qual seu lar?...
Ama a cadência do verso
Que lhe ensina o velho mar!
Cantai! que a noite é divina!
Resvala o brigue à bolina
Como um golfinho veloz.
Presa ao mastro da mezena
Saudosa bandeira acena
Às vagas que deixa após.

Do espanhol as cantilenas
Requebradas de languor,
Lembram as moças morenas,
As andaluzas em flor.
Da Itália o filho indolente
Canta Veneza dormente
– Terra de amor e traição –
Ou do golfo no regaço
Relembra os versos do Tasso
Junto às lavas do Vulcão!

O inglês – marinheiro frio,
Que ao nascer no mar se achou
(Porque a Inglaterra é um navio,
Que Deus na Mancha ancorou),
Rijo entoa pátrias glórias,
Lembrando orgulhoso histórias
De Nelson e de Aboukir.
O francês – predestinado –
Canta os louros do passado
E os loureiros do porvir...

Os marinheiros helenos,
Que a vaga iônia criou,
Belos piratas morenos
Do mar que Ulisses cortou,
Homens que Fídias talhara,
Vão cantando em noite clara
Versos que Homero gemeu...
... Nautas de todas as plagas!
Vós sabeis achar nas vagas
As melodias do céu...

3ª

Desce do espaço imenso, ó águia do oceano!
Desce mais, inda mais... não pode o olhar humano
Como o teu mergulhar no brigue voador.
Mas que vejo eu ali... que quadro de amarguras!
É canto funeral!... Que tétricas figuras!...
Que cena infame e vil!... Meu Deus! meu Deus!
Que horror!

4ª

Era um sonho dantesco... O tombadilho
Que das luzernas avermelha o brilho,
Em sangue a se banhar.
Tinir de ferros... estalar do açoite...
Legiões de homens negros como a noite,
Horrendos a dançar...

Negras mulheres, suspendendo às tetas
Magras crianças, cujas bocas pretas
Rega o sangue das mães:
Outras, moças... mas nuas, espantadas,
No turbilhão de espectros arrastadas,
Em ânsia e mágoa vãs.

E ri-se a orquestra, irônica, estridente...
E da ronda fantástica a serpente
Faz doidas espirais...
Se o velho arqueja... se no chão resvala,
Ouvem-se gritos... o chicote estala.
E voam mais e mais...

Presa nos elos de uma só cadeia,
A multidão faminta cambaleia,
E chora e dança ali!

....

Um de raiva delira, outro enlouquece...
Outro, que de martírios embrutece,
Cantando, geme e ri!

No entanto o capitão manda a manobra
E após, fitando o céu que se desdobra
        Tão puro sobre o mar,
Diz do fumo entre os densos nevoeiros:
"Vibrai rijo o chicote, marinheiros!
        Fazei-os mais dançar!..."

E ri-se a orquestra irônica, estridente...
E da roda fantástica a serpente
        Faz doidas espirais!
Qual num sonho dantesco as sombras voam...
Gritos, ais, maldições, preces ressoam!
        E ri-se Satanás!...

5ª

Senhor Deus dos desgraçados!
Dizei-me vós, Senhor Deus!
Se é loucura... se é verdade
Tanto horror perante os céus...
Ó mar! por que não apagas
Co'a esponja de tuas vagas
De teu manto este borrão?...
Astros! noite! tempestades!
Rolai das imensidades!
Varrei os mares, tufão!...

Quem são estes desgraçados,
Que não encontram em vós,
Mais que o rir calmo da turba

Que excita a fúria do algoz?
Quem são?... Se a estrela se cala,
Se a vaga à pressa resvala
Como um cúmplice fugaz,
Perante a noite confusa...
Dize-o tu, severa musa,
Musa libérrima, audaz!

São os filhos do deserto
Onde a terra esposa a luz.
Onde voa em campo aberto
A tribo dos homens nus...
São os guerreiros ousados,
Que com os tigres mosqueados
Combatem na solidão...
Homens simples, fortes, bravos...
Hoje míseros escravos
Sem ar, sem luz, sem razão...

São mulheres desgraçadas
Como Agar o foi também,
Que sedentas, alquebradas,
De longe... bem longe vêm...
Trazendo com tíbios passos,
Filhos e algemas nos braços,
Nalma – lágrimas e fel.
Como Agar sofrendo tanto
Que nem o leite do pranto
Têm que dar para Ismael...

Lá nas areias infindas,
Das palmeiras no país,
Nasceram – crianças lindas,
Viveram – moças gentis...
Passa um dia a *caravana*
Quando a virgem na cabana
Cisma da noite nos véus...
... Adeus! ó choça do monte!...
... Adeus! palmeiras da fonte!...
... Adeus! amores... adeus!...

Depois o areal extenso...
Depois o oceano de pó...
Depois no horizonte imenso
Desertos... desertos só...
E a fome, o cansaço, a sede...
Ai! quanto infeliz que cede,
E cai pra não mais s'erguer!...
Vaga um lugar na *cadeia*,
Mas o chacal sobre a areia
Acha um corpo que roer...

Ontem a Serra Leoa,
A guerra, a caça ao leão,
O sono dormido à toa
Sob as tendas d'amplidão...
Hoje... o *porão* negro, fundo,
Infecto, apertado, imundo,
Tendo a *peste* por jaguar...
E o sono sempre cortado

Pelo arranco de um finado,
E o baque de um corpo ao mar...

Ontem plena liberdade,
A vontade por poder...
Hoje... cúmulo de maldade
Nem são livres pra... morrer...
Prende-os a mesma corrente
– Férrea, lúgubre serpente –
Nas roscas da escravidão.
E assim roubados à morte,
Dança a lúgubre coorte
Ao som do açoite... Irrisão!...

Senhor Deus dos desgraçados!
Dizei-me vós, Senhor Deus!
Se eu deliro... ou se é verdade
Tanto horror perante os céus...
Ó mar, por que não apagas
Co'a esponja de tuas vagas
De teu manto este borrão?...
Astros! noite! tempestades!
Rolai das imensidades!
Varrei os mares, tufão!...

6ª

E existe um povo que a bandeira empresta
Pra cobrir tanta infâmia e covardia!...

E deixa-a transformar-se nessa festa
Em manto impuro de bacante fria!...
Meu Deus! meu Deus! mas que bandeira é esta,
Que impudente na gávea tripudia?!...
Silêncio!... Musa! chora, chora tanto
Que o pavilhão se lave no teu pranto...

Auriverde pendão de minha terra,
Que a brisa do Brasil beija e balança,
Estandarte que a luz do sol encerra,
E as promessas divinas da esperança...
Tu, que da liberdade após a guerra,
Foste hasteado dos heróis na lança,
Antes te houvessem roto na batalha,
Que servires a um povo de mortalha!...

Fatalidade atroz que a mente esmaga!
Extingue nesta hora o *brigue imundo*
O trilho que Colombo abriu na vaga
Como um íris no pélago profundo!...
... Mas é infâmia demais... Da etérea plaga
Levantai-vos, heróis do Novo Mundo...
Andrada! arranca este pendão dos ares!
Colombo! fecha a porta de teus mares!

São Paulo, 18 de abril de 1868.

LÚCIA

POEMA

NA FORMOSA estação da primavera
Quando o mato se arreia mais festivo,
E o vento campesino bebe ardente
O agreste aroma da floresta virgem...
Eu e Lúcia, corríamos – crianças –
Na veiga, no pomar, na cachoeira,
Como um casal de colibris travessos
Nas laranjeiras que o Natal enflora.

Ela era a *cria* mais formosa e meiga
Que jamais, na *Fazenda*, vira o dia...
Morena, esbelta, airosa... eu me lembrava
Sempre da corça arisca dos silvados
Quando via-lhe os olhos negros, negros
Como as plumas noturnas da *graúna*;
Depois... quem mais mimosa e mais alegre?...
Sua boca era um pássaro escarlate
Onde cantava festival sorriso.
Os cabelos caíam-lhe anelados
Como doidos festões de parasitas.
E a graça... o modo... o coração tão meigo?!

Ai! Pobre Lúcia... como tu sabias,
Festiva, encher de afagos a família,
Que te queria tanto e que te amava
Como se fosses filha e não cativa...
Tu eras a alegria da *fazenda*;
Tua *senhora* ria-se, contente
Quando enlaçavas seus cabelos brancos
Co'as roxas maravilhas da campina
E quando à noite todos se juntavam,
Aos reflexos dourados da *candeia*,
Na grande sala em torno da fogueira
Então, Lúcia, sorrindo eu murmurava:
"Meu Deus! um beija-flor fez-se criança...
Uma criança fez-se mariposa!"

Mas um dia a miséria, a fome, o frio,
Foram pedir um pouso nos teus lares...
A mesa era pequena... Pobre Lúcia!
Foi preciso te ergueres do banquete
Deixares teu lugar aos mais convivas...

Eu me lembro... eu me lembro... O sol raiava.
Tudo era festa em volta da pousada...
Cantava o galo alegre no terreiro,
O mugido das vacas misturava-se
Ao relincho das éguas que corriam
De crinas soltas pelo campo aberto
Aspirando o frescor da madrugada.
Pela última vez ela chorando

Veio sentar-se ao banco do terreiro...
Pobre criança! que conversas tristes
Tu conversaste então co'a natureza.

"Adeus! pra sempre, adeus, ó meus amigos,
Passarinhos do céu, brisas da mata,
Patativas saudosas dos coqueiros,
Ventos da várzea, fontes do deserto!...
Nunca mais eu virei, pobres violetas,
Vos arrancar das moitas perfumadas,
Nunca mais eu irei risonha e louca
Roubar o ninho do sabiá choroso...
Perdoai-me que eu parto para sempre!
Venderam para longe a pobre Lúcia!..."

Então ela apanhou do mato as flores
Como outrora enlaçou-as nos cabelos
E rindo de chorar disse em soluços:
"Não te esqueças de mim que te amo tanto..."

....

Depois além, um grupo informe e vago,
Que cavalgava o dorso da montanha,
Ia esconder-se, transmontando o topo...

Neste momento eu vi, longe... bem longe,
Ainda se agitar um lenço branco...
... Era o lencinho trêmulo de Lúcia...

EPÍLOGO

Muitos anos correram depois disto...
Um dia nos sertões eu caminhava
Por uma estrada agreste e solitária,
Diante de mim uma mulher seguia,
– Co'o cântaro à cabeça – pés descalços,
Co'os ombros nus, mas pálidos e magros...

Ela cantava, com uma voz extinta,
Uma cantiga triste e compassada...
E eu que a escutava procurava, embalde,
Uma lembrança juvenil e alegre
Do tempo em que aprendera aqueles versos...
De repente, lembrei-me... "Lúcia! Lúcia!"
... A mulher se voltou... fitou-me pasma,
Soltou um grito... e, rindo e soluçando,
Quis para mim lançar-se, abrindo os braços
... Mas súbito estacou... Nuvem de sangue
Corou-lhe o rosto pálido e sombrio...
Cobriu co'a mão crispada a face rubra
Como escondendo uma vergonha eterna...
Depois, soltando um grito, ela sumiu-se
Entre as sombras da mata... a pobre Lúcia!

São Paulo, 30 de abril de 1868.

PROMETEU

> *Ó mon auguste mère, et vous enveloppe de la commune lumière, divin éther, voyez quels injustes tourments on me fait souffrir.*
>
> *Qui compatit à cette grande souffrance, qui s'approche du rocher désert oú se tord Prométhée? Quel--ques pauvres filles, pieds nus.*
>
> Ésquilo

Inda arrogante e forte, o olhar no sol cravado
Sublime no sofrer, vencido – não domado
Na última agonia arqueja Prometeu.
O *Cáucaso* é seu cepo; é seu sudário o céu,
Como um braço de algoz, que em sangueira se nutre,
Revolve-lhe as entranhas o pescoço do abutre.
Pra as iras lhe sustar... corta o raio a amplidão
E em correntes de luz prende, amarra o Titão.

Agonia sublime!... E ninguém nesta hora
Consola aquela dor, naquela angústia chora.
Ai! por cúmulo de horror!... O Oriente golfa a luz
No Olimpo brinca o amor por entre os seios nus.
De tirso em punho o bando das lúbricas bacantes

Correm montanha e val em danças delirantes.
E ao gigante caído... a terra e o céu (rivais!...)
Prantos lascivos dão... suor de bacanais.

....

....

Mas não! Quando arquejante em hórrido granito
Se estorce Prometeu, gigantesco precito,
Vós, Nereidas gentis, meigas filhas do mar!
O oceano lhe trazeis... pra em prantos derramar...

Povo! povo infeliz! Povo, mártir eterno,
Tu és do cativeiro o Prometeu moderno...
Enlaça-te no poste a cadeia *das Leis*,
O pescoço do *abutre* é o cetro dos maus reis.
Para tais dimensões, pra músculos tão grandes,
Era pequeno o Cáucaso... amarram-te nos Andes.

E enquanto tu, Titão, sangrento arcas aí,
O século da luz olha... caminha... ri...

Mas não! mártir divino, Encélado tombado!
Junto ao calvário teu, por todos desprezado,
A musa do poeta irá – filha do mar –
O oceano de sua alma... em cantos derramar...

Santos, 16 de maio de 1868.

VOZES D'ÁFRICA

DEUS! ó Deus! onde estás que não respondes?
Em que mundo, em qu'estrela tu t'escondes
    Embuçado nos céus?
Há dois mil anos te mandei meu grito,
Que embalde desde então corre o infinito...
    Onde estás, Senhor Deus?...

Qual Prometeu tu me amarraste um dia
Do deserto na rubra penedia
    – Infinito: galé!...
Por abutre – me deste o sol candente,
E a terra de Suez – foi a corrente
    Que me ligaste ao pé...

O cavalo estafado do beduíno
Sob a vergasta tomba ressupino
    E morre no areal.
Minha garupa sangra, a dor poreja,
Quando o chicote do *simoun* dardeja
    O teu braço eternal.

Minhas irmãs são belas, são ditosas...
Dorme a Ásia nas sombras voluptuosas
Dos *haréns* do sultão.
Ou no dorso dos brancos elefantes
Embala-se coberta de brilhantes
Nas plagas do Hindustão.

Por tenda tem os cimos do Himalaia...
O Ganges amoroso beija a praia
Coberta de corais...
A brisa de Misora o céu inflama;
E ela dorme nos templos do deus Brama,
– Pagodes colossais...

A Europa é sempre Europa, a gloriosa!...
A mulher deslumbrante e caprichosa,
Rainha e cortesã.
Artista – corta o mármore de Carrara;
Poetisa – tange os hinos de Ferrara,
No glorioso afã!...

Sempre a láurea lhe cabe no litígio...
Ora uma *c'roa*, ora o *barrete frígio*
Enflora-lhe a cerviz.
O universo após ela – doido amante –
Segue cativo o passo delirante
Da grande meretriz.

....

Mas eu, Senhor!... Eu triste abandonada
Em meio das areias esgarrada,
Perdida marcho em vão!
Se choro... bebe o pranto a areia ardente;
Talvez... pra que meu pranto, ó Deus clemente!
Não descubras no chão...

E nem tenho uma sombra de floresta...
Para cobrir-me nem um templo resta
No solo abrasador...
Quando subo às pirâmides do Egito
Embalde aos quatro céus chorando grito:
"Abriga-me, Senhor!..."

Como o profeta em cinza a fronte envolve,
Velo a cabeça no areal que volve
O siroco feroz...
Quando eu passo no Saara amortalhada...
Ai! dizem: "Lá vai África embuçada
No seu branco albornoz..."

Nem veem que o deserto é meu sudário
Que o silêncio campeia solitário
Por sobre o peito meu.
Lá no solo onde o cardo apenas medra
Boceja a Esfinge colossal de pedra
Fitando o morno céu.

De Tebas nas colunas derrocadas
As cegonhas espiam debruçadas

O horizonte sem fim...
Onde branqueja a caravana errante,
E o camelo monótono, arquejante
Que desce de Efraim...

....

Não basta inda de dor, ó Deus terrível?!
É, pois, teu peito eterno, inexaurível
De vingança e rancor?...
E que é que fiz, Senhor? que torvo crime
Eu cometi jamais que assim me oprime
Teu gládio vingador?!...

....

Foi depois do *dilúvio*... Um viandante
Negro, sombrio, pálido, arquejante,
Descia do Arará...
E eu disse ao peregrino fulminado:
"Cão!... serás meu esposo bem-amado...
– Serei tua Eloá..."

Desde este dia o vento da desgraça
Por meus cabelos ululando passa
O anátema cruel.
As tribos erram do areal nas vagas,
E o *Nômade* faminto corta as plagas
No rápido corcel.

Vi a ciência desertar do Egito...
Vi meu povo seguir – judeu maldito –
Trilho de perdição.

Depois vi minha prole desgraçada
Pelas garras d'Europa – arrebatada –
Amestrado falcão!...

Cristo! embalde morreste sobre um monte...
Teu sangue não lavou de minha fronte
A mancha original.
Ainda hoje são, por fado adverso,
Meus filhos – alimária do universo,
Eu – pasto universal...

Hoje em meu sangue a América se nutre
– Condor que transformara-se em abutre,
Ave da escravidão.
Ela juntou-se às mais... irmã traidora
Qual de José os vis irmãos outrora
Venderam seu irmão.

....

Basta, Senhor! De teu potente braço
Role através dos astros e do espaço
Perdão pra os crimes meus!...
Há dois mil anos... eu soluço um grito...
Escuta o brado meu lá no infinito,
Meu Deus! Senhor, meu Deus!!...

São Paulo, 11 de junho de 1868.

SAUDAÇÃO A PALMARES

NOS ALTOS cerros erguido
Ninho d'águias atrevido
Salve! – País do bandido!
Salve! – Pátria do jaguar!
Verde serra onde os palmares
– Como indianos cocares –
No azul dos colúmbios ares
Desfraldam-se em mole arfar!...

Salve! Região dos valentes
Onde os ecos estridentes
Mandam aos plainos trementes
Os gritos do caçador!
E ao longe os latidos soam...
E as trompas da caça atroam...
E os corvos negros revoam
Sobre o campo abrasador!...

Palmares! a ti meu grito!
A ti, barca de granito,
Que no soçobro infinito
Abriste a vela ao trovão.

E provocaste a rajada,
Solta a flâmula agitada
Aos uivos da marujada
Nas ondas da escravidão!

De bravos soberbo estádio,
Das liberdades paládio,
Pegaste o punho do gládio,
E olhaste rindo pra o val:
"Descei de cada horizonte...
Senhores! Eis-me de fronte!"
E riste... O riso de um monte!
E a ironia... de um chacal!...

Cantem eunucos devassos
Dos reis os marmóreos paços;
E beijem os férreos laços,
Que não ousam sacudir...
Eu canto a beleza tua,
Caçadora seminua!...
Em cuja perna flutua
Ruiva a pele de um tapir.

Crioula! o teu seio escuro
Nunca deste ao beijo impuro!
Luzidio, firme, duro,
Guardaste pra um nobre amor.
Negra Diana selvagem,
Que escutas sob a ramagem
As vozes – que traz a aragem
Do teu rijo caçador!...

Salve, Amazona guerreira!
Que nas rochas da clareira,
– Aos urros da cachoeira –
Sabes bater e lutar...
Salve! – nos cerros erguido –
Ninho, onde em sono atrevido,
Dorme o condor... e o bandido!...
A liberdade... e o jaguar!

Fazenda de Santa Isabel, agosto de 1870.

JESUÍTAS E FRADES

II

QUE O MUNDO antigo s'erga e lance a maldição
Sobre vós... remembrando a negra Inquisição
A hidra escura e vil da vil Teocracia
O Santo Ofício, as provas, o azeite, a gemonia...
Lisboa, Tours, Sevilha e Nantes na tortura,
Na fogueira Grandier, João Huss na sepultura,
Colombo a soluçar, a gemer Galileu...
De mil autos de fé o fumo enchendo o céu...
Que a maldição vos lance a pena do gaulês
Tendo por tinta a borra das caldeiras de pez...
Que o germano a sangrar maldiz em férreos hinos.

É justo!...
A História cega, aquentando o estilete
Nas brasas que apagar não pôde o Guadalete,
Tem jus de vos marcar com o ferro do labéu,
Como queima o carrasco o ombro nu do réu...

....

Mas enquanto existir o grande, o novo mundo
Ó filhos de Jesus!... um cântico profundo
Irá vos embalar do sepulcro no solo...
A América por vós reza de polo a polo!
Dizei-o, vós, dizei, Tamoios, Guaranis,
Iroqueses, Tapuias, Incas e Tupis...
A santa abnegação, o heroísmo, a doçura,
O amor paternal, a castidade pura
Desses homens que vinham, envoltos no burel,
A derramar dos lábios o amor – divino mel,
O perdão – óleo santo, a fé – mística luz,
E o Deus da caridade – o pródigo Jesus!...

Oh! não! Mil vezes não! O poeta americano
Vos deve sepultar no verso soberano
– Pano negro que tem por lágrimas de prata
As lágrimas que a musa inspirada desata!!!

Se aqui houve cativos – eles os libertaram.
Se aqui houve selvagens – eles os educaram.
Se aqui houve fogueiras – eles nelas sofreram.
Se lá carrascos foram – cá mártires morreram.
Em vez do inquisidor – tivemos a vedeta.
Loiola – aqui foi Nóbrega, Arbues – foi Anchieta!

Oh! Não! Mil vezes não! O poeta americano
Vos deve amortalhar no verso soberano
– Pano negro que tem por lágrimas de prata
As lágrimas que a musa inspirada desata!...
....

FRADES

Mel in ore, verba lactis,
Fel in corde, fraus in factis.

III

Mas a mão que assim tece o linho aos pés da glória?
Como Hércules também esmaga a hidra...
E depois de aspergir o túmulo dos heróis
Pega de Juvenal na vergasta feroz
E os monges hodiernos açoita sem piedade
Como o Divino Mestre o fez na antiguidade!...

São Paulo – 1868.

A BAINHA DO PUNHAL

FRAGMENTOS

SALVE, noites do Oriente,
Noites de beijos e amor!
Onde os astros são abelhas
Do éter na larga flor...
Onde pende a meiga lua,
Como cimitarra nua
Por sobre um dólmã azul!
E a vaga dos Dardanelos
Beija, em lascivos anelos,
As saudades de 'Stambul.

Salve, serralhos severos
Como a barba dum paxá!
Zimbórios, que fingem crânios
Dos crentes fiéis de Alá!...
Ciprestes que o vento agita,
Como flechas de mesquita
Esguios, longos também;
Minaretes, entre bosques!
Palmeiras, entre os quiosques!
Mulheres nuas do harém!

Mas embalde a lua inclina
As loiras tranças pra o chão...
Desprezada concubina,
Já não te adora o sultão!
Debalde, aos vidros pintados,
Aos balcões arabescados,
Vais bater em doido afã...
Soam tímbalos na sala...
E a dança ardente resvala
Sobre os tapetes do Irã!...
....

O DERRADEIRO AMOR DE BYRON

Et, puisque tôt ou tard l'amour humain s'oublie
Il est d'une grande âme et d'un heureux destin
D'aspirer comme toi pour un amour divin!

Alfred de Musset

I

Num desses dias em que o Lord errante
Resvalando em coxins de seda mole...
A laureada e pálida cabeça
Sentia-lhe embalar essa condessa,
Essa lânguida e bela Guiccioli...

II

Nesse tempo feliz... em que Ravena
Via cruzar o Child peregrino,
Dos templos ermos pelo claustro frio...
Ou longas horas meditar sombrio
No túmulo de Dante – o Gibelino...

III

Quando aquela mão régia de Madona
Tomava aos ombros essa cruz insana...
E do Giaour o lúgubre segredo,
E esse crime indizível do Manfredo
Madornavam aos pés da italiana...

IV

Numa dessas manhãs... Enquanto a moça
Sorrindo-lhe dos beijos ao ressábio,
Cantava como uma ave ou uma criança...
Ela sentiu que um riso de esperança
Abria-lhe do amante lábio a lábio...

V

A esperança! A esperança no precito!
A esperança nesta alma agonizante!
E mais lívida e branca do que a cera
Ela disse a tremer: – "George, eu quisera
Saber qual seja... a vossa nova amante".

VI

– "Como o sabes?..." – "Confessas?"
[– "Sim! confesso..."
– "E o seu nome..." – "Qu'importa?"
[– "Fala Alteza!..."

– “Que chama doida teu olhar espalha,
És ciumenta?...” – “*Mylord*, eu sou de Itália!”
– “Vingativa?...” – “*Mylord*, eu sou princesa!...”

VII

– “Queres saber então qual seja o arcanjo
Que inda vem m’enlevar o ser corruto?
O sonho que os cadáveres renova,
O amor que o Lábaro arrancou da cova,
O ideal de Satã?...” – “Eu vos escuto!”

VIII

– “Olhai, signora... além dessas cortinas,
O que vêdes?...” – “Eu vejo a imensidade!...”
– “E eu vejo... a Grécia... e sobre a plaga errante
Uma virgem chorando...” – “É vossa amante?...”
– “Tu disseste-o, condessa!” “É a Liberdade!!!...”

Santa Isabel, 21 de agosto de 1870.

ADEUS, MEU CANTO

I

Adeus, meu canto! É a hora da partida...
O oceano do povo s'encapela.
Filho da tempestade, irmão do raio,
Lança teu grito ao vento da procela.

O inverno envolto em mantos de geada
Cresta a rosa de amor que além se erguera...
Ave de arribação, voa, anuncia
Da liberdade a santa primavera.

É preciso partir, aos horizontes
Mandar o grito errante da vedeta.
Ergue-te, ó luz! – estrela para o povo,
– Para os tiranos – lúgubre cometa.

Adeus, meu canto! Na revolta praça
Ruge o clarim tremendo da batalha.
Águia – talvez as asas te espedacem,
Bandeira – talvez rasgue-te a metralha.

Mas não importa a ti, que no banquete
O manto sibarita não trajaste –,
Que se louros não tens na altiva fronte
Também da orgia a coroa renegaste.

A ti que herdeiro duma raça livre
Tomaste o velho arnês e a cota d'armas;
E no ginete que escarvava os vales
A corneta esperaste dos alarmas.

É tempo agora pra quem sonha a glória
E a luta... e a luta, essa fatal fornalha,
Onde referve o bronze das estátuas,
Que a mão dos séculos no futuro talha...

Parte, pois, solta livre aos quatro ventos
A alma cheia das crenças do poeta!...
Ergue-te, ó luz! – estrela para o povo,
Para os tiranos – lúgubre cometa.

Há muita virgem que ao prostíbulo impuro
A mão do algoz arrasta pela trança;
Muita cabeça d'ancião curvada,
Muito riso afogado de criança.

Dirás à virgem: – Minha irmã, espera:
Eu vejo ao longe a pomba do futuro.
– Meu pai, dirás ao velho, dá-me o fardo
Que atropela-te o passo mal seguro...

A cada berço levarás a crença.
A cada campa levarás o pranto.
Nos berços nus, nas sepulturas rasas,
– Irmão do pobre – viverás, meu canto.

E pendido através de dois abismos,
Com os pés na terra e a fronte no infinito,
Traze a bênção de Deus ao cativeiro,
Levanta a Deus do cativeiro o grito!

II

Eu sei que ao longe na praça,
Ferve a onda popular,
Que às vezes é pelourinho
Mas poucas vezes – altar.
Que zombam do bardo atento
Curvo aos murmúrios do vento
Nas florestas do existir,
Que babam fel e ironia
Sobre o ovo da utopia
Que guarda a ave do porvir.

Eu sei que o ódio, o egoísmo,
A hipocrisia, a ambição,
Almas escuras de grutas,
Onde não desce um clarão,
Peitos surdos às conquistas,
Olhos fechados às vistas,
Vistas fechadas à luz,

Do poeta solitário
Lançam pedras ao calvário,
Lançam blasfêmias à cruz.

Eu sei que a raça impudente
Do escriba, do fariseu,
Que ao Cristo eleva o patíbulo,
A fogueira a Galileu,
É o fumo da chama vasta,
Sombra – que os séculos arrasta,
Negra, torcida, a seus pés;
Tronco enraizado no inferno,
Que se arqueia escuro, eterno,
Das idades através.

E eles dizem, reclinados,
Nos festins de Baltasar:
"Que importuno é esse que canta
Lá no Eufrates a soluçar?
Prende aos ramos do salgueiro
A lira do cativeiro,
Profeta da maldição,
Ou cingindo a augusta fronte
Com as rosas d'Anacreonte
Canta o amor e a criação..."

Sim! cantar o campo, as selvas,
As tardes, a sombra, a luz;
Soltar su'alma com o bando
Das borboletas azuis;

Ouvir o vento que geme,
Sentir a folha que treme,
Como um seio que pulou,
Das matas entre os desvios
Passar nos antros bravios
Por onde o jaguar passou;

É belo... E já quantas vezes
Não saudei a terra – o céu
E o universo – Bíblia imensa
Que Deus no espaço escreveu?!
Que vezes nas cordilheiras,
Ao canto das cachoeiras,
Eu lancei minha canção,
Escutando as ventanias
Vagas, tristes profecias
Gemerem na escuridão?!...

Já também amei as flores,
As mulheres, o arrebol,
E o sino que chora triste,
Ao morno calor do sol.
Ouvi saudoso a viola,
Que ao sertanejo consola
Junto à fogueira do lar,
Amei a linda serrana,
Cantando a mole *tirana*,
Pelas noites de luar!

Da infância o tempo fugindo
Tudo mudou-se em redor.
Um dia passa em minha'alma
Das cidades o rumor.
Soa a ideia, soa o malho,
O cíclope do trabalho
Prepara o raio do sol.
Tem o povo – mar violento –
Por armas o pensamento,
A verdade por farol.

E o homem, vaga que nasce
No oceano popular,
Tem que impelir os espíritos,
Tem uma plaga a buscar
Oh! maldição ao poeta
Que foge – falso profeta –
Nos dias de provação!
Que mistura o tosco iambo
Com o tírio ditirambo
Nos poemas d'aflição!...

"Trabalhar!" brada na sombra
A voz imensa, de Deus –
"Braços! voltai-vos pra terra,
Frontes voltai-vos pr'os céus!"
Poeta, sábio, selvagem,
Vós sois a santa equipagem
Da nau da civilização!

Marinheiro – sobe aos mastros,
Piloto – estuda nos astros,
Gajeiro – olha a cerração!”

Uivava a negra tormenta
Na enxárcia, nos mastaréus.
Uivavam nos tombadilhos,
Gritos insontes de réus.
Vi a equipagem medrosa
Da morte à vaga horrorosa
Seu próprio irmão sacudir.
E bradei: – “Meu canto, voa,
Terra ao longe! terra à proa!...
Vejo a terra do porvir!...”

III

Companheiro da noite maldormida,
Que a mocidade vela sonhadora,
Primeira folha d’árvore da vida,
Estrela que anuncia a luz da aurora,
Da harpa do meu amor nota perdida,
Orvalho que do seio se evapora,
É tempo de partir... Voa, meu canto –
Que tantas vezes orvalhei de pranto.

Tu foste a estrela vésper que alumia
Aos pastores d’Arcádia nos fraguedos!
Ave que no meu peito se aquecia
Ao murmúrio talvez dos meus segredos.

Mas hoje que sinistra ventania
Muge nas selvas, ruge nos rochedos,
Condor sem rumo, errante, que esvoaça
Deixo-te entregue ao vento da desgraça.

Quero-te assim; na terra o teu fadário
É ser o irmão do escravo que trabalha,
É chorar junto à cruz do seu calvário,
É bramir do senhor na bacanália...
Se – vivo – seguirás o itinerário,
Mas, se – morto – rolares na mortalha,
Terás, selvagem filho da floresta,
Nos raios e trovões hinos de festa.

Quando a piedosa, errante caravana
Se perde nos desertos, peregrina,
Buscando na cidade muçulmana,
Do sepulcro de Deus a vasta ruína,
Olha o sol que se esconde na savana
Pensa em Jerusalém, sempre divina,
Morre feliz, deixando sobre a estrada
O marco miliário duma ossada.

Assim, quando essa turba horripilante,
Hipócrita sem fé, bacante impura,
Possa curvar-te a fronte de gigante,
Possa quebrar-te as malhas da armadura,
Tu deixarás na liça o férreo guante
Que há de colher a geração futura...
Mas, não... crê no porvir, na mocidade,

Sol brilhante do céu da liberdade.
Canta, filho da luz da zona ardente,
Destes cerros soberbos, altanados!
Emboca a tuba lúgubre, estridente,
Em que aprendeste a rebramir teus brados.
Levanta das orgias – o presente,
Levanta dos sepulcros – o passado,
Voz de ferro! desperta as almas grandes
Do sul ao norte... do oceano aos Andes!!...

Recife, 1865.

FIM DE "OS ESCRAVOS"

Coleção L&PM POCKET (ÚLTIMOS LANÇAMENTOS)

290.**Mais receitas do Anonymus Gourmet** – J. A. Pinheiro Machado
291.**Origens do discurso democrático** – D. Schüler
292.**Humor politicamente incorreto** – Nani
293.**O teatro do bem e do mal** – E. Galeano
294.**Garibaldi & Manoela** – J. Guimarães
295.**10 dias que abalaram o mundo** – John Reed
296.**Numa fria** – Bukowski
297.**Poesia de Florbela Espanca** vol. 1
298.**Poesia de Florbela Espanca** vol. 2
299.**Escreva certo** – E. Oliveira e M. E. Bernd
300.**O vermelho e o negro** – Stendhal
301.**Ecce homo** – Friedrich Nietzsche
302(7).**Comer bem, sem culpa** – Dr. Fernando Lucchese, A. Gourmet e Iotti
303.**O livro de Cesário Verde** – Cesário Verde
305.**100 receitas de macarrão** – S. Lancellotti
306.**160 receitas de molhos** – S. Lancellotti
307.**100 receitas light** – H. e Â. Tonetto
308.**100 receitas de sobremesas** – Celia Ribeiro
309.**Mais de 100 dicas de churrasco** – Leon Diziekaniak
310.**100 receitas de acompanhamentos** – C. Cabeda
311.**Honra ou vendetta** – S. Lancellotti
312.**A alma do homem sob o socialismo** – Oscar Wilde
313.**Tudo sobre Yôga** – Mestre De Rose
314.**Os varões assinalados** – Tabajara Ruas
315.**Édipo em Colono** – Sófocles
316.**Lisístrata** – Aristófanes / trad. Millôr
317.**Sonhos de Bunker Hill** – John Fante
318.**Os deuses de Raquel** – Moacyr Scliar
319.**O colosso de Marússia** – Henry Miller
320.**As eruditas** – Molière / trad. Millôr
321.**Radicci 1** – Iotti
322.**Os Sete contra Tebas** – Ésquilo
323.**Brasil Terra à vista** – Eduardo Bueno
324.**Radicci 2** – Iotti
325.**Júlio César** – William Shakespeare
326.**A carta de Pero Vaz de Caminha**
327.**Cozinha Clássica** – Sílvio Lancellotti
328.**Madame Bovary** – Gustave Flaubert
329.**Dicionário do viajante insólito** – M. Scliar
330.**O capitão saiu para o almoço...** – Bukowski
331.**A carta roubada** – Edgar Allan Poe
332.**É tarde para saber** – Josué Guimarães
333.**O livro de bolso da Astrologia** – Maggy Harrisonx e Mellina Li
334.**1933 foi um ano ruim** – John Fante
335.**100 receitas de arroz** – Aninha Comas
336.**Guia prático do Português correto – vol. 1** – Cláudio Moreno
337.**Bartleby, o escriturário** – H. Melville
338.**Enterrem meu coração na curva do rio** – Dee Brown
339.**Um conto de Natal** – Charles Dickens
340.**Cozinha sem segredos** – J. A. P. Machado
341.**A dama das Camélias** – A. Dumas Filho
342.**Alimentação saudável** – H. e Â. Tonetto
343.**Continhos galantes** – Dalton Trevisan
344.**A Divina Comédia** – Dante Alighieri
345.**A Dupla Sertanojo** – Santiago
346.**Cavalos do amanhecer** – Mario Arregui
347.**Biografia de Vincent van Gogh por sua cunhada** – Jo van Gogh-Bonger
348.**Radicci 3** – Iotti
349.**Nada de novo no front** – E. M. Remarque
350.**A hora dos assassinos** – Henry Miller
351.**Flush – Memórias de um cão** – Virginia Woolf
352.**A guerra no Bom Fim** – M. Scliar
357.**As uvas e o vento** – Pablo Neruda
358.**On the road** – Jack Kerouac
359.**O coração amarelo** – Pablo Neruda
360.**Livro das perguntas** – Pablo Neruda
361.**Noite de Reis** – William Shakespeare
362.**Manual de Ecologia (vol.1)** – J. Lutzenberger
363.**O mais longo dos dias** – Cornelius Ryan
364.**Foi bom prá você?** – Nani
365.**Crepusculário** – Pablo Neruda
366.**A comédia dos erros** – Shakespeare
369.**Mate-me por favor (vol.1)** – L. McNeil
370.**Mate-me por favor (vol.2)** – L. McNeil
371.**Carta ao pai** – Kafka
372.**Os vagabundos iluminados** – J. Kerouac
375.**Vargas, uma biografia política** – H. Silva
376.**Poesia reunida (vol.1)** – A. R. de Sant'Anna
377.**Poesia reunida (vol.2)** – A. R. de Sant'Anna
378.**Alice no país do espelho** – Lewis Carroll
379.**Residência na Terra 1** – Pablo Neruda
380.**Residência na Terra 2** – Pablo Neruda
381.**Terceira Residência** – Pablo Neruda
382.**O delírio amoroso** – Bocage
383.**Futebol ao sol e à sombra** – E. Galeano
3386.**Radicci 4** – Iotti
387.**Boas maneiras & sucesso nos negócios** – Celia Ribeiro
388.**Uma história Farroupilha** – M. Scliar
389.**Na mesa ninguém envelhece** – J. A. Pinheiro Machado
390.**200 receitas inéditas do Anonymus Gourmet** – J. A. Pinheiro Machado
391.**Guia prático do Português correto – vol.2** – Cláudio Moreno
392.**Breviário das terras do Brasil** – Assis Brasil
393.**Cantos Cerimoniais** – Pablo Neruda
394.**Jardim de Inverno** – Pablo Neruda
395.**Antonio e Cleópatra** – William Shakespeare
396.**Tróia** – Cláudio Moreno
397.**Meu tio matou um cara** – Jorge Furtado
399.**As viagens de Gulliver** – Jonathan Swift
400.**Dom Quixote** – (v. 1) – Miguel de Cervantes
401.**Dom Quixote** – (v. 2) – Miguel de Cervantes

402.**Sozinho no Pólo Norte** – Thomaz Brandolin
404.**Delta de Vênus** – Anaïs Nin
405.**O melhor de Hagar 2** – Dik Browne
406.**É grave Doutor?** – Nani
407.**Orai pornô** – Nani
412.**Três contos** – Gustave Flaubert
413.**De ratos e homens** – John Steinbeck
414.**Lazarilho de Tormes** – Anônimo do séc. XVI
415.**Triângulo das águas** – Caio Fernando Abreu
416.**100 receitas de carnes** – Sílvio Lancellotti
417.**Histórias de robôs:** vol. 1 – org. Isaac Asimov
418.**Histórias de robôs:** vol. 2 – org. Isaac Asimov
419.**Histórias de robôs:** vol. 3 – org. Isaac Asimov
423.**Um amigo de Kafka** – Isaac Singer
424.**As alegres matronas de Windsor** – Shakespeare
425.**Amor e exílio** – Isaac Bashevis Singer
426.**Use & abuse do seu signo** – Marília Fiorillo e Marylou Simonsen
427.**Pigmaleão** – Bernard Shaw
428.**As fenícias** – Eurípides
429.**Everest** – Thomaz Brandolin
430.**A arte de furtar** – Anônimo do séc. XVI
431.**Billy Bud** – Herman Melville
432.**A rosa separada** – Pablo Neruda
433.**Elegia** – Pablo Neruda
434.**A garota de Cassidy** – David Goodis
435.**Como fazer a guerra: máximas de Napoleão** – Balzac
436.**Poemas escolhidos** – Emily Dickinson
437.**Gracias por el fuego** – Mario Benedetti
438.**O sofá** – Crébillon Fils
439.**O "Martín Fierro"** – Jorge Luis Borges
440.**Trabalhos de amor perdidos** – W. Shakespeare
441.**O melhor de Hagar 3** – Dik Browne
442.**Os Maias (volume1)** – Eça de Queiroz
443.**Os Maias (volume2)** – Eça de Queiroz
444.**Anti-Justine** – Restif de La Bretonne
445.**Juventude** – Joseph Conrad
446.**Contos** – Eça de Queiroz
448.**Um amor de Swann** – Marcel Proust
449.**À paz perpétua** – Immanuel Kant
450.**A conquista do México** – Hernan Cortez
451.**Defeitos escolhidos e 2000** – Pablo Neruda
452.**O casamento do céu e do inferno** – William Blake
453.**A primeira viagem ao redor do mundo** – Antonio Pigafetta
457.**Sartre** – Annie Cohen-Solal
458.**Discurso do método** – René Descartes
459.**Garfield em grande forma (1)** – Jim Davis
460.**Garfield está de dieta** (2) – Jim Davis
461.**O livro das feras** – Patricia Highsmith
462.**Viajante solitário** – Jack Kerouac
463.**Auto da barca do inferno** – Gil Vicente
464.**O livro vermelho dos pensamentos de Millôr** – Millôr Fernandes
465.**O livro dos abraços** – Eduardo Galeano
466.**Voltaremos!** – José Antonio Pinheiro Machado
467.**Rango** – Edgar Vasques
468(8).**Dieta mediterrânea** – Dr. Fernando Lucchese e José Antonio Pinheiro Machado
469.**Radicci 5** – Iotti
470.**Pequenos pássaros** – Anaïs Nin
471.**Guia prático do Português correto – vol.3** – Cláudio Moreno
472.**Atire no pianista** – David Goodis
473.**Antologia Poética** – García Lorca
474.**Alexandre e César** – Plutarco
475.**Uma espiã na casa do amor** – Anaïs Nin
476.**A gorda do Tiki Bar** – Dalton Trevisan
477.**Garfield um gato de peso (3)** – Jim Davis
478.**Canibais** – David Coimbra
479.**A arte de escrever** – Arthur Schopenhauer
480.**Pinóquio** – Carlo Collodi
481.**Misto-quente** – Bukowski
482.**A lua na sarjeta** – David Goodis
483.**O melhor do Recruta Zero (1)** – Mort Walker
484.**Aline: TPM – tensão pré-monstrual (2)** – Adão Iturrusgarai
485.**Sermões do Padre Antonio Vieira**
486.**Garfield numa boa (4)** – Jim Davis
487.**Mensagem** – Fernando Pessoa
488.**Vendeta** *seguido de* **A paz conjugal** – Balzac
489.**Poemas de Alberto Caeiro** – Fernando Pessoa
490.**Ferragus** – Honoré de Balzac
491.**A duquesa de Langeais** – Honoré de Balzac
492.**A menina dos olhos de ouro** – Honoré de Balzac
493.**O lírio do vale** – Honoré de Balzac
497.**A noite das bruxas** – Agatha Christie
498.**Um passe de mágica** – Agatha Christie
499.**Nêmesis** – Agatha Christie
500.**Esboço para uma teoria das emoções** – Sartre
501.**Renda básica de cidadania** – Eduardo Suplicy
502(1).**Pílulas para viver melhor** – Dr. Lucchese
503(2).**Pílulas para prolongar a juventude** – Dr. Lucchese
504(3).**Desembarcando o diabetes** – Dr. Lucchese
505(4).**Desembarcando o sedentarismo** – Dr. Fernando Lucchese e Cláudio Castro
506(5).**Desembarcando a hipertensão** – Dr. Lucchese
507(6).**Desembarcando o colesterol** – Dr. Fernando Lucchese e Fernanda Lucchese
508.**Estudos de mulher** – Balzac
509.**O terceiro tira** – Flann O'Brien
510.**100 receitas de aves e ovos** – J. A. P. Machado
511.**Garfield em toneladas de diversão** (5) – Jim Davis
512.**Trem-bala** – Martha Medeiros
513.**Os cães ladram** – Truman Capote
514.**O Kama Sutra de Vatsyayana**
515.**O crime do Padre Amaro** – Eça de Queiroz
516.**Odes de Ricardo Reis** – Fernando Pessoa
517.**O inverno da nossa desesperança** – Steinbeck
518.**Piratas do Tietê (1)** – Laerte
519.**Rê Bordosa: do começo ao fim** – Angeli

520.**O Harlem é escuro** – Chester Himes
522.**Eugénie Grandet** – Balzac
523.**O último magnata** – F. Scott Fitzgerald
524.**Carol** – Patricia Highsmith
525.**100 receitas de patisseria** – Sílvio Lancellotti
527.**Tristessa** – Jack Kerouac
528.**O diamante do tamanho do Ritz** – F. Scott Fitzgerald
529.**As melhores histórias de Sherlock Holmes** – Arthur Conan Doyle
530.**Cartas a um jovem poeta** – Rilke
532.**O misterioso sr. Quin** – Agatha Christie
533.**Os analectos** – Confúcio
536.**Ascensão e queda de César Birotteau** – Balzac
537.**Sexta-feira negra** – David Goodis
538.**Ora bolas – O humor de Mario Quintana** – Juarez Fonseca
539.**Longe daqui aqui mesmo** – Antonio Bivar
540.**É fácil matar** – Agatha Christie
541.**O pai Goriot** – Balzac
542.**Brasil, um país do futuro** – Stefan Zweig
543.**O processo** – Kafka
544.**O melhor de Hagar 4** – Dik Browne
545.**Por que não pediram a Evans?** – Agatha Christie
546.**Fanny Hill** – John Cleland
547.**O gato por dentro** – William S. Burroughs
548.**Sobre a brevidade da vida** – Sêneca
549.**Geraldão (1)** – Glauco
550.**Piratas do Tietê (2)** – Laerte
551.**Pagando o pato** – Ciça
552.**Garfield de bom humor (6)** – Jim Davis
553.**Conhece o Mário?** vol.1 – Santiago
554.**Radicci 6** – Iotti
555.**Os subterrâneos** – Jack Kerouac
556(1).**Balzac** – François Taillandier
557(2).**Modigliani** – Christian Parisot
558(3).**Kafka** – Gérard-Georges Lemaire
559(4).**Júlio César** – Joël Schmidt
560.**Receitas da família** – J. A. Pinheiro Machado
561.**Boas maneiras à mesa** – Celia Ribeiro
562(9).**Filhos sadios, pais felizes** – R. Pagnoncelli
563(10).**Fatos & mitos** – Dr. Fernando Lucchese
564.**Ménage à trois** – Paula Taitelbaum
565.**Mulheres!** – David Coimbra
566.**Poemas de Álvaro de Campos** – Fernando Pessoa
567.**Medo e outras histórias** – Stefan Zweig
568.**Snoopy e sua turma (1)** – Schulz
569.**Piadas para sempre (1)** – Visconde da Casa Verde
570.**O alvo móvel** – Ross Macdonald
571.**O melhor do Recruta Zero (2)** – Mort Walker
572.**Um sonho americano** – Norman Mailer
573.**Os broncos também amam** – Angeli
574.**Crônica de um amor louco** – Bukowski
575(5).**Freud** – René Major e Chantal Talagrand
576(6).**Picasso** – Gilles Plazy
577(7).**Gandhi** – Christine Jordis
578.**A tumba** – H. P. Lovecraft
579.**O príncipe e o mendigo** – Mark Twain
580.**Garfield, um charme de gato (7)** – Jim Davis
581.**Ilusões perdidas** – Balzac
582.**Esplendores e misérias das cortesãs** – Balzac
583.**Walter Ego** – Angeli
584.**Striptiras (1)** – Laerte
585.**Fagundes: um puxa-saco de mão cheia** – Laerte
586.**Depois do último trem** – Josué Guimarães
587.**Ricardo III** – Shakespeare
588.**Dona Anja** – Josué Guimarães
589.**24 horas na vida de uma mulher** – Stefan Zweig
591.**Mulher no escuro** – Dashiell Hammett
592.**No que acredito** – Bertrand Russell
593.**Odisséia (1): Telemaquia** – Homero
594.**O cavalo cego** – Josué Guimarães
595.**Henrique V** – Shakespeare
596.**Fabulário geral do delírio cotidiano** – Bukowski
597.**Tiros na noite 1: A mulher do bandido** – Dashiell Hammett
598.**Snoopy em Feliz Dia dos Namorados! (2)** – Schulz
600.**Crime e castigo** – Dostoiévski
601.**Mistério no Caribe** – Agatha Christie
602.**Odisséia (2): Regresso** – Homero
603.**Piadas para sempre (2)** – Visconde da Casa Verde
604.**À sombra do vulcão** – Malcolm Lowry
605(8).**Kerouac** – Yves Buin
606.**E agora são cinzas** – Angeli
607.**As mil e uma noites** – Paulo Caruso
608.**Um assassino entre nós** – Ruth Rendell
609.**Crack-up** – F. Scott Fitzgerald
610.**Do amor** – Stendhal
611.**Cartas do Yage** – William Burroughs e Allen Ginsberg
612.**Striptiras (2)** – Laerte
613.**Henry & June** – Anaïs Nin
614.**A piscina mortal** – Ross Macdonald
615.**Geraldão (2)** – Glauco
616.**Tempo de delicadeza** – A. R. de Sant'Anna
617.**Tiros na noite 2: Medo de tiro** – Dashiell Hammett
618.**Snoopy em Assim é a vida, Charlie Brown! (3)** – Schulz
619.**1954 – Um tiro no coração** – Hélio Silva
620.**Sobre a inspiração poética (Íon)** e ... – Platão
621.**Garfield e seus amigos (8)** – Jim Davis
622.**Odisséia (3): Ítaca** – Homero
623.**A louca matança** – Chester Himes
624.**Factótum** – Bukowski
625.**Guerra e Paz: volume 1** – Tolstói
626.**Guerra e Paz: volume 2** – Tolstói
627.**Guerra e Paz: volume 3** – Tolstói

628.**Guerra e Paz: volume 4** – Tolstói
629(9).**Shakespeare** – Claude Mourthé
630.**Bem está o que bem acaba** – Shakespeare
631.**O contrato social** – Rousseau
632.**Geração Beat** – Jack Kerouac
633.**Snoopy: É Natal! (4)** – Charles Schulz
634.**Testemunha da acusação** – Agatha Christie
635.**Um elefante no caos** – Millôr Fernandes
636.**Guia de leitura (100 autores que você precisa ler)** – Organização de Léa Masina
637.**Pistoleiros também mandam flores** – David Coimbra
638.**O prazer das palavras** – vol. 1 – Cláudio Moreno
639.**O prazer das palavras** – vol. 2 – Cláudio Moreno
640.**Novíssimo testamento: com Deus e o diabo, a dupla da criação** – Iotti
641.**Literatura Brasileira: modos de usar** – Luís Augusto Fischer
642.**Dicionário de Porto-Alegrês** – Luís A. Fischer
643.**Clô Dias & Noites** – Sérgio Jockymann
644.**Memorial de Isla Negra** – Pablo Neruda
645.**Um homem extraordinário e outras histórias** – Tchékhov
646.**Ana sem terra** – Alcy Cheuiche
647.**Adultérios** – Woody Allen
651.**Snoopy: Posso fazer uma pergunta, professora? (5)** – Charles Schulz
652(10).**Luís XVI** – Bernard Vincent
653.**O mercador de Veneza** – Shakespeare
654.**Cancioneiro** – Fernando Pessoa
655.**Non-Stop** – Martha Medeiros
656.**Carpinteiros, levantem bem alto a cumeeira & Seymour, uma apresentação** – J.D.Salinger
657.**Ensaios céticos** – Bertrand Russell
658.**O melhor de Hagar 5** – Dik e Chris Browne
659.**Primeiro amor** – Ivan Turguêniev
660.**A trégua** – Mario Benedetti
661.**Um parque de diversões da cabeça** – Lawrence Ferlinghetti
662.**Aprendendo a viver** – Sêneca
663.**Garfield, um gato em apuros (9)** – Jim Davis
664.**Dilbert (1)** – Scott Adams
666.**A imaginação** – Jean-Paul Sartre
667.**O ladrão e os cães** – Naguib Mahfuz
669.**A volta do parafuso** *seguido de* **Daisy Miller** – Henry James
670.**Notas do subsolo** – Dostoiévski
671.**Abobrinhas da Brasilônia** – Glauco
672.**Geraldão (3)** – Glauco
673.**Piadas para sempre (3)** – Visconde da Casa Verde
674.**Duas viagens ao Brasil** – Hans Staden
676.**A arte da guerra** – Maquiavel
677.**Além do bem e do mal** – Nietzsche
678.**O coronel Chabert** *seguido de* **A mulher abandonada** – Balzac
679.**O sorriso de marfim** – Ross Macdonald
680.**100 receitas de pescados** – Sílvio Lancellotti
681.**O juiz e seu carrasco** – Friedrich Dürrenmatt
682.**Noites brancas** – Dostoiévski
683.**Quadras ao gosto popular** – Fernando Pessoa
685.**Kaos** – Millôr Fernandes
686.**A pele de onagro** – Balzac
687.**As ligações perigosas** – Choderlos de Laclos
689.**Os Lusíadas** – Luís Vaz de Camões
690(11).**Átila** – Éric Deschodt
691.**Um jeito tranqüilo de matar** – Chester Himes
692.**A felicidade conjugal** *seguido de* **O diabo** – Tolstói
693.**Viagem de um naturalista ao redor do mundo** – vol. 1 – Charles Darwin
694.**Viagem de um naturalista ao redor do mundo** – vol. 2 – Charles Darwin
695.**Memórias da casa dos mortos** – Dostoiévski
696.**A Celestina** – Fernando de Rojas
697.**Snoopy: Como você é azarado, Charlie Brown! (6)** – Charles Schulz
698.**Dez (quase) amores** – Claudia Tajes
699.**Poirot sempre espera** – Agatha Christie
701.**Apologia de Sócrates** *precedido de* **Êutifron** e *seguido de* **Críton** – Platão
702.**Wood & Stock** – Angeli
703.**Striptiras (3)** – Laerte
704.**Discurso sobre a origem e os fundamentos da desigualdade entre os homens** – Rousseau
705.**Os duelistas** – Joseph Conrad
706.**Dilbert (2)** – Scott Adams
707.**Viver e escrever** (vol. 1) – Edla van Steen
708.**Viver e escrever** (vol. 2) – Edla van Steen
709.**Viver e escrever** (vol. 3) – Edla van Steen
710.**A teia da aranha** – Agatha Christie
711.**O banquete** – Platão
712.**Os belos e malditos** – F. Scott Fitzgerald
713.**Libelo contra a arte moderna** – Salvador Dalí
714.**Akropolis** – Valerio Massimo Manfredi
715.**Devoradores de mortos** – Michael Crichton
716.**Sob o sol da Toscana** – Frances Mayes
717.**Batom na cueca** – Nani
718.**Vida dura** – Claudia Tajes
719.**Carne trêmula** – Ruth Rendell
720.**Cris, a fera** – David Coimbra
721.**O anticristo** – Nietzsche
722.**Como um romance** – Daniel Pennac
723.**Emboscada no Forte Bragg** – Tom Wolfe
724.**Assédio sexual** – Michael Crichton
725.**O espírito do Zen** – Alan W.Watts
726.**Um bonde chamado desejo** – Tennessee Williams
727.**Como gostais** *seguido de* **Conto de inverno** – Shakespeare
728.**Tratado sobre a tolerância** – Voltaire
729.**Snoopy: Doces ou travessuras? (7)** – Charles Schulz
730.**Cardápios do Anonymus Gourmet** – J.A. Pinheiro Machado
731.**100 receitas com lata** – J.A. Pinheiro Machado
732.**Conhece o Mário?** vol.2 – Santiago
733.**Dilbert (3)** – Scott Adams

734.**História de um louco amor** *seguido de* **Passado amor** – Horacio Quiroga
735(11).**Sexo: muito prazer** – Laura Meyer da Silva
736(12).**Para entender o adolescente** – Dr. Ronald Pagnoncelli
737(13).**Desembarcando a tristeza** – Dr. Fernando Lucchese
738.**Poirot e o mistério da arca espanhola & outras histórias** – Agatha Christie
739.**A última legião** – Valerio Massimo Manfredi
741.**Sol nascente** – Michael Crichton
742.**Duzentos ladrões** – Dalton Trevisan
743.**Os devaneios do caminhante solitário** – Rousseau
744.**Garfield, o rei da preguiça (10)** – Jim Davis
745.**Os magnatas** – Charles R. Morris
746.**Pulp** – Charles Bukowski
747.**Enquanto agonizo** – William Faulkner
748.**Aline: viciada em sexo (3)** – Adão Iturrusgarai
749.**A dama do cachorrinho** – Anton Tchékhov
750.**Tito Andrônico** – Shakespeare
751.**Antologia poética** – Anna Akhmátova
752.**O melhor de Hagar 6** – Dik e Chris Browne
753(12).**Michelangelo** – Nadine Sautel
754.**Dilbert (4)** – Scott Adams
755.**O jardim das cerejeiras** *seguido de* **Tio Vânia** – Tchékhov
756.**Geração Beat** – Claudio Willer
757.**Santos Dumont** – Alcy Cheuiche
758.**Budismo** – Claude B. Levenson
759.**Cleópatra** – Christian-Georges Schwentzel
760. **Revolução Francesa** – Frédéric Bluche, Stéphane Rials e Jean Tulard
761.**A crise de 1929** – Bernard Gazier
762.**Sigmund Freud** – Edson Sousa e Paulo Endo
763.**Império Romano** – Patrick Le Roux
764.**Cruzadas** – Cécile Morrisson
765.**O mistério do Trem Azul** – Agatha Christie
768.**Senso comum** – Thomas Paine
769.**O parque dos dinossauros** – Michael Crichton
770.**Trilogia da paixão** – Goethe
773.**Snoopy: No mundo da lua! (8)** – Charles Schulz
774.**Os Quatro Grandes** – Agatha Christie
775.**Um brinde de cianureto** – Agatha Christie
776.**Súplicas atendidas** – Truman Capote
779.**A viúva imortal** – Millôr Fernandes
780.**Cabala** – Roland Goetschel
781.**Capitalismo** – Claude Jessua
782.**Mitologia grega** – Pierre Grimal
783.**Economia: 100 palavras-chave** – Jean-Paul Betbèze
784.**Marxismo** – Henri Lefebvre
785.**Punição para a inocência** – Agatha Christie
786.**A extravagância do morto** – Agatha Christie
787(13).**Cézanne** – Bernard Fauconnier
788.**A identidade Bourne** – Robert Ludlum
789.**Da tranquilidade da alma** – Sêneca
790.**Um artista da fome** *seguido de* **Na colônia penal e outras histórias** – Kafka
791.**Histórias de fantasmas** – Charles Dickens
796.**O Uraguai** – Basílio da Gama
797.**A mão misteriosa** – Agatha Christie
798.**Testemunha ocular do crime** – Agatha Christie
799.**Crepúsculo dos ídolos** – Friedrich Nietzsche
802.**O grande golpe** – Dashiell Hammett
803.**Humor barra pesada** – Nani
804.**Vinho** – Jean-François Gautier
805.**Egito Antigo** – Sophie Desplancques
806(14).**Baudelaire** – Jean-Baptiste Baronian
807.**Caminho da sabedoria, caminho da paz** – Dalai Lama e Felizitas von Schönborn
808.**Senhor e servo e outras histórias** – Tolstói
809.**Os cadernos de Malte Laurids Brigge** – Rilke
810.**Dilbert (5)** – Scott Adams
811.**Big Sur** – Jack Kerouac
812.**Seguindo a correnteza** – Agatha Christie
813.**O álibi** – Sandra Brown
814.**Montanha-russa** – Martha Medeiros
815.**Coisas da vida** – Martha Medeiros
816.**A cantada infalível** *seguido de* **A mulher do centroavante** – David Coimbra
819.**Snoopy: Pausa para a soneca (9)** – Charles Schulz
820.**De pernas pro ar** – Eduardo Galeano
821.**Tragédias gregas** – Pascal Thiercy
822.**Existencialismo** – Jacques Colette
823.**Nietzsche** – Jean Granier
824.**Amar ou depender?** – Walter Riso
825.**Darmapada: A doutrina budista em versos**
826.**J'Accuse...! – a verdade em marcha** – Zola
827.**Os crimes ABC** – Agatha Christie
828.**Um gato entre os pombos** – Agatha Christie
831.**Dicionário de teatro** – Luiz Paulo Vasconcellos
832.**Cartas extraviadas** – Martha Medeiros
833.**A longa viagem de prazer** – J. J. Morosoli
834.**Receitas fáceis** – J. A. Pinheiro Machado
835.(14).**Mais fatos & mitos** – Dr. Fernando Lucchese
836.(15).**Boa viagem!** – Dr. Fernando Lucchese
837.**Aline: Finalmente nua!!!** (4) – Adão Iturrusgarai
838.**Mônica tem uma novidade!** – Mauricio de Sousa
839.**Cebolinha em apuros!** – Mauricio de Sousa
840.**Sócios no crime** – Agatha Christie
841.**Bocas do tempo** – Eduardo Galeano
842.**Orgulho e preconceito** – Jane Austen
843.**Impressionismo** – Dominique Lobstein
844.**Escrita chinesa** – Viviane Alleton
845.**Paris: uma história** – Yvan Combeau
846(15).**Van Gogh** – David Haziot
848.**Portal do destino** – Agatha Christie
849.**O futuro de uma ilusão** – Freud
850.**O mal-estar na cultura** – Freud
853.**Um crime adormecido** – Agatha Christie
854.**Satori em Paris** – Jack Kerouac
855.**Medo e delírio em Las Vegas** – Hunter Thompson
856.**Um negócio fracassado e outros contos de humor** – Tchékhov
857.**Mônica está de férias!** – Mauricio de Sousa

858.**De quem é esse coelho?** – Mauricio de Sousa
860.**O mistério Sittaford** – Agatha Christie
861.**Manhã transfigurada** – L. A. de Assis Brasil
862.**Alexandre, o Grande** – Pierre Briant
863.**Jesus** – Charles Perrot
864.**Islã** – Paul Balta
865.**Guerra da Secessão** – Farid Ameur
866.**Um rio que vem da Grécia** – Cláudio Moreno
868.**Assassinato na casa do pastor** – Agatha Christie
869.**Manual do líder** – Napoleão Bonaparte
870(16).**Billie Holiday** – Sylvia Fol
871.**Bidu arrasando!** – Mauricio de Sousa
872.**Desventuras em família** – Mauricio de Sousa
874.**E no final a morte** – Agatha Christie
875.**Guia prático do Português correto – vol. 4** – Cláudio Moreno
876.**Dilbert (6)** – Scott Adams
877(17).**Leonardo da Vinci** – Sophie Chauveau
878.**Bella Toscana** – Frances Mayes
879.**A arte da ficção** – David Lodge
880.**Striptiras (4)** – Laerte
881.**Skrotinhos** – Angeli
882.**Depois do funeral** – Agatha Christie
883.**Radicci 7** – Iotti
884.**Walden** – H. D. Thoreau
885.**Lincoln** – Allen C. Guelzo
886.**Primeira Guerra Mundial** – Michael Howard
887.**A linha de sombra** – Joseph Conrad
888.**O amor é um cão dos diabos** – Bukowski
890.**Despertar: uma vida de Buda** – Jack Kerouac
891(18).**Albert Einstein** – Laurent Seksik
892.**Hell's Angels** – Hunter Thompson
893.**Ausência na primavera** – Agatha Christie
894.**Dilbert (7)** – Scott Adams
895.**Ao sul de lugar nenhum** – Bukowski
896.**Maquiavel** – Quentin Skinner
897.**Sócrates** – C.C.W. Taylor
899.**O Natal de Poirot** – Agatha Christie
900.**As veias abertas da América Latina** – Eduardo Galeano
901.**Snoopy: Sempre alerta! (10)** – Charles Schulz
902.**Chico Bento: Plantando confusão** – Mauricio de Sousa
903.**Penadinho: Quem é morto sempre aparece** – Mauricio de Sousa
904.**A vida sexual da mulher feia** – Claudia Tajes
905.**100 segredos de liquidificador** – José Antonio Pinheiro Machado
906.**Sexo muito prazer 2** – Laura Meyer da Silva
907.**Os nascimentos** – Eduardo Galeano
908.**As caras e as máscaras** – Eduardo Galeano
909.**O século do vento** – Eduardo Galeano
910.**Poirot perde uma cliente** – Agatha Christie
911.**Cérebro** – Michael O'Shea
912.**O escaravelho de ouro e outras histórias** – Edgar Allan Poe
913.**Piadas para sempre (4)** – Visconde da Casa Verde
914.**100 receitas de massas light** – Helena Tonetto
915(19).**Oscar Wilde** – Daniel Salvatore Schiffer
916.**Uma breve história do mundo** – H. G. Wells
917.**A Casa do Penhasco** – Agatha Christie
919.**John M. Keynes** – Bernard Gazier
920(20).**Virginia Woolf** – Alexandra Lemasson
921.**Peter e Wendy** *seguido de* **Peter Pan em Kensington Gardens** – J. M. Barrie
922.**Aline: numas de colegial (5)** – Adão Iturrusgarai
923.**Uma dose mortal** – Agatha Christie
924.**Os trabalhos de Hércules** – Agatha Christie
926.**Kant** – Roger Scruton
927.**A inocência do Padre Brown** – G.K. Chesterton
928.**Casa Velha** – Machado de Assis
929.**Marcas de nascença** – Nancy Huston
930.**Aulete de bolso**
931.**Hora Zero** – Agatha Christie
932.**Morte na Mesopotâmia** – Agatha Christie
934.**Nem te conto, João** – Dalton Trevisan
935.**As aventuras de Huckleberry Finn** – Mark Twain
936(21).**Marilyn Monroe** – Anne Plantagenet
937.**China moderna** – Rana Mitter
938.**Dinossauros** – David Norman
939.**Louca por homem** – Claudia Tajes
940.**Amores de alto risco** – Walter Riso
941.**Jogo de damas** – David Coimbra
942.**Filha é filha** – Agatha Christie
943.**M ou N?** – Agatha Christie
945.**Bidu: diversão em dobro!** – Mauricio de Sousa
946.**Fogo** – Anaïs Nin
947.**Rum: diário de um jornalista bêbado** – Hunter Thompson
948.**Persuasão** – Jane Austen
949.**Lágrimas na chuva** – Sergio Faraco
950.**Mulheres** – Bukowski
951.**Um pressentimento funesto** – Agatha Christie
952.**Cartas na mesa** – Agatha Christie
954.**O lobo do mar** – Jack London
955.**Os gatos** – Patricia Highsmith
956(22).**Jesus** – Christiane Rancé
957.**História da medicina** – William Bynum
958.**O Morro dos Ventos Uivantes** – Emily Brontë
959.**A filosofia na era trágica dos gregos** – Nietzsche
960.**Os treze problemas** – Agatha Christie
961.**A massagista japonesa** – Moacyr Scliar
963.**Humor do miserê** – Nani
964.**Todo o mundo tem dúvida, inclusive você** – Édison de Oliveira
965.**A dama do Bar Nevada** – Sergio Faraco
969.**O psicopata americano** – Bret Easton Ellis
970.**Ensaios de amor** – Alain de Botton
971.**O grande Gatsby** – F. Scott Fitzgerald
972.**Por que não sou cristão** – Bertrand Russell
973.**A Casa Torta** – Agatha Christie
974.**Encontro com a morte** – Agatha Christie
975(23).**Rimbaud** – Jean-Baptiste Baronian
976.**Cartas na rua** – Bukowski
977.**Memória** – Jonathan K. Foster

978.**A abadia de Northanger** – Jane Austen
979.**As pernas de Úrsula** – Claudia Tajes
980.**Retrato inacabado** – Agatha Christie
981.**Solanin (1)** – Inio Asano
982.**Solanin (2)** – Inio Asano
983.**Aventuras de menino** – Mitsuru Adachi
984(16).**Fatos & mitos sobre sua alimentação** – Dr. Fernando Lucchese
985.**Teoria quântica** – John Polkinghorne
986.**O eterno marido** – Fiódor Dostoiévski
987.**Um safado em Dublin** – J. P. Donleavy
988.**Mirinha** – Dalton Trevisan
989.**Akhenaton e Nefertiti** – Carmen Seganfredo e A. S. Franchini
990.**On the Road – o manuscrito original** – Jack Kerouac
991.**Relatividade** – Russell Stannard
992.**Abaixo de zero** – Bret Easton Ellis
993(24).**Andy Warhol** – Mériam Korichi
995.**Os últimos casos de Miss Marple** – Agatha Christie
996.**Nico Demo** – Mauricio de Sousa
998.**Rousseau** – Robert Wokler
999.**Noite sem fim** – Agatha Christie
1000.**Diários de Andy Warhol (1)** – Editado por Pat Hackett
1001.**Diários de Andy Warhol (2)** – Editado por Pat Hackett
1002.**Cartier-Bresson: o olhar do século** – Pierre Assouline
1003.**As melhores histórias da mitologia: vol. 1** – A.S. Franchini e Carmen Seganfredo
1004.**As melhores histórias da mitologia: vol. 2** – A.S. Franchini e Carmen Seganfredo
1005.**Assassinato no beco** – Agatha Christie
1006.**Convite para um homicídio** – Agatha Christie
1008.**História da vida** – Michael J. Benton
1009.**Jung** – Anthony Stevens
1010.**Arsène Lupin, ladrão de casaca** – Maurice Leblanc
1011.**Dublinenses** – James Joyce
1012.**120 tirinhas da Turma da Mônica** – Mauricio de Sousa
1013.**Antologia poética** – Fernando Pessoa
1014.**A aventura de um cliente ilustre** ***seguido de*** **O último adeus de Sherlock Holmes** – Sir Arthur Conan Doyle
1015.**Cenas de Nova York** – Jack Kerouac
1016.**A corista** – Anton Tchékhov
1017.**O diabo** – Leon Tolstói
1018.**Fábulas chinesas** – Sérgio Capparelli e Márcia Schmaltz
1019.**O gato do Brasil** – Sir Arthur Conan Doyle
1020.**Missa do Galo** – Machado de Assis
1021.**O mistério de Marie Rogêt** – Edgar Allan Poe
1022.**A mulher mais linda da cidade** – Bukowski
1023.**O retrato** – Nicolai Gogol
1024.**O conflito** – Agatha Christie
1025.**Os primeiros casos de Poirot** – Agatha Christie
1027(25).**Beethoven** – Bernard Fauconnier
1028.**Platão** – Julia Annas
1029.**Cleo e Daniel** – Roberto Freire
1030.**Til** – José de Alencar
1031.**Viagens na minha terra** – Almeida Garrett
1032.**Profissões para mulheres e outros artigos feministas** – Virginia Woolf
1033.**Mrs. Dalloway** – Virginia Woolf
1034.**O cão da morte** – Agatha Christie
1035.**Tragédia em três atos** – Agatha Christie
1037.**O fantasma da Ópera** – Gaston Leroux
1038.**Evolução** – Brian e Deborah Charlesworth
1039.**Medida por medida** – Shakespeare
1040.**Razão e sentimento** – Jane Austen
1041.**A obra-prima ignorada** ***seguido de*** **Um episódio durante o Terror** – Balzac
1042.**A fugitiva** – Anaïs Nin
1043.**As grandes histórias da mitologia greco-romana** – A. S. Franchini
1044.**O corno de si mesmo & outras historietas** – Marquês de Sade
1045.**Da felicidade** ***seguido de*** **Da vida retirada** – Sêneca
1046.**O horror em Red Hook e outras histórias** – H. P. Lovecraft
1047.**Noite em claro** – Martha Medeiros
1048.**Poemas clássicos chineses** – Li Bai, Du Fu e Wang Wei
1049.**A terceira moça** – Agatha Christie
1050.**Um destino ignorado** – Agatha Christie
1051(26).**Buda** – Sophie Royer
1052.**Guerra Fria** – Robert J. McMahon
1053.**Simons's Cat: as aventuras de um gato travesso e comilão – vol. 1** – Simon Tofield
1054.**Simons's Cat: as aventuras de um gato travesso e comilão – vol. 2** – Simon Tofield
1055.**Só as mulheres e as baratas sobreviverão** – Claudia Tajes
1057.**Pré-história** – Chris Gosden
1058.**Pintou sujeira!** – Mauricio de Sousa
1059.**Contos de Mamãe Gansa** – Charles Perrault
1060.**A interpretação dos sonhos: vol. 1** – Freud
1061.**A interpretação dos sonhos: vol. 2** – Freud
1062.**Frufru Rataplã Dolores** – Dalton Trevisan
1063.**As melhores histórias da mitologia egípcia** – Carmem Seganfredo e A.S. Franchini
1064.**Infância. Adolescência. Juventude** – Tolstói
1065.**As consolações da filosofia** – Alain de Botton
1066.**Diários de Jack Kerouac – 1947-1954**
1067.**Revolução Francesa – vol. 1** – Max Gallo
1068.**Revolução Francesa – vol. 2** – Max Gallo
1069.**O detetive Parker Pyne** – Agatha Christie
1070.**Memórias do esquecimento** – Flávio Tavares
1071.**Drogas** – Leslie Iversen
1072.**Manual de ecologia (vol.2)** – J. Lutzenberger
1073.**Como andar no labirinto** – Affonso Romano de Sant'Anna
1074.**A orquídea e o serial killer** – Juremir Machado da Silva

1075.**Amor nos tempos de fúria** – Lawrence Ferlinghetti
1076.**A aventura do pudim de Natal** – Agatha Christie
1078.**Amores que matam** – Patricia Faur
1079.**Histórias de pescador** – Mauricio de Sousa
1080.**Pedaços de um caderno manchado de vinho** – Bukowski
1081.**A ferro e fogo: tempo de solidão (vol.1)** – Josué Guimarães
1082.**A ferro e fogo: tempo de guerra (vol.2)** – Josué Guimarães
1084(17).**Desembarcando o Alzheimer** – Dr. Fernando Lucchese e Dra. Ana Hartmann
1085.**A maldição do espelho** – Agatha Christie
1086.**Uma breve história da filosofia** – Nigel Warburton
1088.**Heróis da História** – Will Durant
1089.**Concerto campestre** – L. A. de Assis Brasil
1090.**Morte nas nuvens** – Agatha Christie
1092.**Aventura em Bagdá** – Agatha Christie
1093.**O cavalo amarelo** – Agatha Christie
1094.**O método de interpretação dos sonhos** – Freud
1095.**Sonetos de amor e desamor** – Vários
1096.**120 tirinhas do Dilbert** – Scott Adams
1097.**200 fábulas de Esopo**
1098.**O curioso caso de Benjamin Button** – F. Scott Fitzgerald
1099.**Piadas para sempre: uma antologia para morrer de rir** – Visconde da Casa Verde
1100.**Hamlet (Mangá)** – Shakespeare
1101.**A arte da guerra (Mangá)** – Sun Tzu
1104.**As melhores histórias da Bíblia (vol.1)** – A. S. Franchini e Carmen Seganfredo
1105.**As melhores histórias da Bíblia (vol.2)** – A. S. Franchini e Carmen Seganfredo
1106.**Psicologia das massas e análise do eu** – Freud
1107.**Guerra Civil Espanhola** – Helen Graham
1108.**A autoestrada do sul e outras histórias** – Julio Cortázar
1109.**O mistério dos sete relógios** – Agatha Christie
1110.**Peanuts: Ninguém gosta de mim... (amor)** – Charles Schulz
1111.**Cadê o bolo?** – Mauricio de Sousa
1112.**O filósofo ignorante** – Voltaire
1113.**Totem e tabu** – Freud
1114.**Filosofia pré-socrática** – Catherine Osborne
1115.**Desejo de status** – Alain de Botton
1118.**Passageiro para Frankfurt** – Agatha Christie
1120.**Kill All Enemies** – Melvin Burgess
1121.**A morte da sra. McGinty** – Agatha Christie
1122.**Revolução Russa** – S. A. Smith
1123.**Até você, Capitu?** – Dalton Trevisan
1124.**O grande Gatsby (Mangá)** – F. S. Fitzgerald
1125.**Assim falou Zaratustra (Mangá)** – Nietzsche
1126. **Peanuts: É para isso que servem os amigos (amizade)** – Charles Schulz
1127(27).**Nietzsche** – Dorian Astor
1128.**Bidu: Hora do banho** – Mauricio de Sousa
1129.**O melhor do Macanudo Taurino** – Santiago
1130.**Radicci 30 anos** – Iotti
1131.**Show de sabores** – J.A. Pinheiro Machado
1132.**O prazer das palavras** – vol. 3 – Cláudio Moreno
1133.**Morte na praia** – Agatha Christie
1134.**O fardo** – Agatha Christie
1135.**Manifesto do Partido Comunista (Mangá)** – Marx & Engels
1136.**A metamorfose (Mangá)** – Franz Kafka
1137.**Por que você não se casou... ainda** – Tracy McMillan
1138.**Textos autobiográficos** – Bukowski
1139.**A importância de ser prudente** – Oscar Wilde
1140.**Sobre a vontade na natureza** – Arthur Schopenhauer
1141.**Dilbert (8)** – Scott Adams
1142.**Entre dois amores** – Agatha Christie
1143.**Cipreste triste** – Agatha Christie
1144.**Alguém viu uma assombração?** – Mauricio de Sousa
1145.**Mandela** – Elleke Boehmer
1146.**Retrato do artista quando jovem** – James Joyce
1147.**Zadig ou o destino** – Voltaire
1148.**O contrato social (Mangá)** – J.-J. Rousseau
1149.**Garfield fenomenal** – Jim Davis
1150.**A queda da América** – Allen Ginsberg
1151.**Música na noite & outros ensaios** – Aldous Huxley
1152.**Poesias inéditas & Poemas dramáticos** – Fernando Pessoa
1153.**Peanuts: Felicidade é...** – Charles M. Schulz
1154.**Mate-me por favor** – Legs McNeil e Gillian McCain
1155.**Assassinato no Expresso Oriente** – Agatha Christie
1156.**Um punhado de centeio** – Agatha Christie
1157.**A interpretação dos sonhos (Mangá)** – Freud
1158.**Peanuts: Você não entende o sentido da vida** – Charles M. Schulz
1159.**A dinastia Rothschild** – Herbert R. Lottman
1160.**A Mansão Hollow** – Agatha Christie
1161.**Nas montanhas da loucura** – H.P. Lovecraft
1162(28).**Napoleão Bonaparte** – Pascale Fautrier
1163.**Um corpo na biblioteca** – Agatha Christie
1164.**Inovação** – Mark Dodgson e David Gann
1165.**O que toda mulher deve saber sobre os homens: a afetividade masculina** – Walter Riso
1166.**O amor está no ar** – Mauricio de Sousa
1167.**Testemunha de acusação & outras histórias** – Agatha Christie
1168.**Etiqueta de bolso** – Celia Ribeiro
1169.**Poesia reunida (volume 3)** – Affonso Romano de Sant'Anna
1170.**Emma** – Jane Austen
1171.**Que seja em segredo** – Ana Miranda
1172.**Garfield sem apetite** – Jim Davis
1173.**Garfield: Foi mal...** – Jim Davis
1174.**Os irmãos Karamázov (Mangá)** – Dostoiévski
1175.**O Pequeno Príncipe** – Antoine de Saint-Exupéry

1176.**Peanuts: Ninguém mais tem o espírito aventureiro** – Charles M. Schulz
1177.**Assim falou Zaratustra** – Nietzsche
1178.**Morte no Nilo** – Agatha Christie
1179.**Ê, soneca boa** – Mauricio de Sousa
1180.**Garfield a todo o vapor** – Jim Davis
1181.**Em busca do tempo perdido (Mangá)** – Proust
1182.**Cai o pano: o último caso de Poirot** – Agatha Christie
1183.**Livro para colorir e relaxar** – Livro 1
1184.**Para colorir sem parar**
1185.**Os elefantes não esquecem** – Agatha Christie
1186.**Teoria da relatividade** – Albert Einstein
1187.**Compêndio de psicanálise** – Freud
1188.**Visões de Gerard** – Jack Kerouac
1189.**Fim de verão** – Mohiro Kitoh
1190.**Procurando diversão** – Mauricio de Sousa
1191.**E não sobrou nenhum e outras peças** – Agatha Christie
1192.**Ansiedade** – Daniel Freeman & Jason Freeman
1193.**Garfield: pausa para o almoço** – Jim Davis
1194.**Contos do dia e da noite** – Guy de Maupassant
1195.**O melhor de Hagar 7** – Dik Browne
1196(29).**Lou Andreas-Salomé** – Dorian Astor
1197(30).**Pasolini** – René de Ceccatty
1198.**O caso do Hotel Bertram** – Agatha Christie
1199.**Crônicas de motel** – Sam Shepard
1200.**Pequena filosofia da paz interior** – Catherine Rambert
1201.**Os sertões** – Euclides da Cunha
1202.**Treze à mesa** – Agatha Christie
1203.**Bíblia** – John Riches
1204.**Anjos** – David Albert Jones
1205.**As tirinhas do Guri de Uruguaiana 1** – Jair Kobe
1206.**Entre aspas (vol.1)** – Fernando Eichenberg
1207.**Escrita** – Andrew Robinson
1208.**O spleen de Paris: pequenos poemas em prosa** – Charles Baudelaire
1209.**Satíricon** – Petrônio
1210.**O avarento** – Molière
1211.**Queimando na água, afogando-se na chama** – Bukowski
1212.**Miscelânea septuagenária: contos e poemas** – Bukowski
1213.**Que filosofar é aprender a morrer e outros ensaios** – Montaigne
1214.**Da amizade e outros ensaios** – Montaigne
1215.**O medo à espreita e outras histórias** – H.P. Lovecraft
1216.**A obra de arte na era de sua reprodutibilidade técnica** – Walter Benjamin
1217.**Sobre a liberdade** – John Stuart Mill
1218.**O segredo de Chimneys** – Agatha Christie
1219.**Morte na rua Hickory** – Agatha Christie
1220.**Ulisses (Mangá)** – James Joyce
1221.**Ateísmo** – Julian Baggini
1222.**Os melhores contos de Katherine Mansfield** – Katherine Mansfied
1223(31).**Martin Luther King** – Alain Foix
1224.**Millôr Definitivo: uma antologia de *A Bíblia do Caos*** – Millôr Fernandes
1225.**O Clube das Terças-Feiras e outras histórias** – Agatha Christie
1226.**Por que sou tão sábio** – Nietzsche
1227.**Sobre a mentira** – Platão
1228.**Sobre a leitura *seguido do* Depoimento de Céleste Albaret** – Proust
1229.**O homem do terno marrom** – Agatha Christie
1230(32).**Jimi Hendrix** – Franck Médioni
1231.**Amor e amizade e outras histórias** – Jane Austen
1232.**Lady Susan, Os Watson e Sanditon** – Jane Austen
1233.**Uma breve história da ciência** – William Bynum
1234.**Macunaíma: o herói sem nenhum caráter** – Mário de Andrade
1235.**A máquina do tempo** – H.G. Wells
1236.**O homem invisível** – H.G. Wells
1237.**Os 36 estratagemas: manual secreto da arte da guerra** – Anônimo
1238.**A mina de ouro e outras histórias** – Agatha Christie
1239.**Pic** – Jack Kerouac
1240.**O habitante da escuridão e outros contos** – H.P. Lovecraft
1241.**O chamado de Cthulhu e outros contos** – H.P. Lovecraft
1242.**O melhor de Meu reino por um cavalo!** – Edição de Ivan Pinheiro Machado
1243.**A guerra dos mundos** – H.G. Wells
1244.**O caso da criada perfeita e outras histórias** – Agatha Christie
1245.**Morte por afogamento e outras histórias** – Agatha Christie
1246.**Assassinato no Comitê Central** – Manuel Vázquez Montalbán
1247.**O papai é pop** – Marcos Piangers
1248.**O papai é pop 2** – Marcos Piangers
1249.**A mamãe é rock** – Ana Cardoso
1250.**Paris boêmia** – Dan Franck
1251.**Paris libertária** – Dan Franck
1252.**Paris ocupada** – Dan Franck
1253.**Uma anedota infame** – Dostoiévski
1254.**O último dia de um condenado** – Victor Hugo
1255.**Nem só de caviar vive o homem** – J.M. Simmel
1256.**Amanhã é outro dia** – J.M. Simmel
1257.**Mulherzinhas** – Louisa May Alcott
1258.**Reforma Protestante** – Peter Marshall
1259.**História econômica global** – Robert C. Allen
1260(33).**Che Guevara** – Alain Foix
1261.**Câncer** – Nicholas James

IMPRESSÃO:

GRÁFICA EDITORA
Pallotti
IMAGEM DE QUALIDADE

Santa Maria - RS - Fone/Fax: (55) 3220.4500
www.pallotti.com.br